《庄子》品悟这繁杂却又滋味无穷的人生

庄子品悟人生

李慧敏·编

民主与建设出版社

·北京·

© 民主与建设出版社，2018

图书在版编目（CIP）数据

庄子品悟人生 / 李慧敏编 . –– 北京 : 民主与建设
出版社 , 2018.6
ISBN 978–7–5139–2184–8

Ⅰ . ①庄… Ⅱ . ①李… Ⅲ . ①庄周（前 369– 前 286）
— 人生哲学 Ⅳ . ① B223.5

中国版本图书馆 CIP 数据核字 (2018) 第 123486 号

庄子品悟人生
ZHUANG ZI PIN WU REN SHENG

出 版 人	李声笑
编　　者	李慧敏
责任编辑	王颂
封面设计	荣景苑
出版发行	民主与建设出版社有限责任公司
电　　话	（010）59417747　59419778
社　　址	北京市海淀区西三环中路 10 号望海楼 E 座 7 层
邮　　编	100142
印　　刷	永清县晔盛亚胶印有限公司
版　　次	2019 年 8 月第 1 版
印　　次	2024 年 5 月第 2 次印刷
开　　本	710 毫米 ×1000 毫米　1/16
印　　张	12
字　　数	102 千字
书　　号	ISBN 978–7–5139–2184–8
定　　价	48.00 元

注 : 如有印、装质量问题，请与出版社联系。

目　录

1

3

第一章 有为的人生法则

俗话说：『车走车路，马走马途』，任何事物都走在自己特定的轨迹上，才能真正发挥自身的特点。人也不例外，每个人只有遵循特定的人生法则才能成功，才能够前进。而这个人生法则，几千年前庄子就已给了我们。

成功需要积累

北冥有鱼，其名为鲲。鲲之大，不知其几千里也；化而为鸟，其名为鹏。鹏之背，不知其几千里也；怒而飞，其翼若垂天之云。

——《庄子·逍遥游》

【释义】

北方的大海里有一种鱼，它的名字叫做鲲。鲲的体积，真不知道大到几千里。它变化成为鸟，名字就叫鹏。鹏的脊背，真不知道长到几千里；当它奋起而飞的时候，那展开的双翅就像天上的云。

很多人的成功过程，就是一种厚积薄发的过程。所谓的"厚积薄发"，就是要你积聚自己的能量，积蓄了一定的力量后，才能逆风飞扬，才能运筹帷幄，成功在望。也许很多人都没有耐心这么做，但这样做却是很关键的。

庄子认为，一个人在还很年轻的时候，或者是在事业还没有获得成功的时候，甚至在他遇到挫折"运数不佳"的时候，就应当"沉潜"在深水里，一动都不要动，只需一心一意地去修炼，修炼到一定的程度，自然也就可以升华高飞了。其实，这也就是一种积累的过程。

积累可以说是一种毅力的体现，是由微小转为伟大的必经之路，也是成功的前提之一，更是一种由量变到质变的过程。

对于积累，荀子在《劝学》中也表达了与庄子观点相一致的意思："积土成山，风雨兴焉；积水成渊，蛟龙生焉；积善成德，而神明自得，圣心备焉。故不积跬步，无以至千里；不积小流，无以成江海。骐骥一跃，不能十步；驽马十驾，功在不舍。锲而舍之，朽木不折；锲而不舍，金石可镂。"

荀子写下的这些文字距今虽然已两年多年，时代也已经发生了翻天覆地的变化，却让人不得不佩服荀子的眼光和学识。他所说的这些话，很久以来就被人们所传诵。后代的人

们引用这一观点时，更多的是体现在学习上，认为学习应当专心致志，循序渐进，坚持不懈，不断积累。

晋代大书法家王羲之，坚持二十年临池练字，因为用池水洗笔，最后竟把整个池水都染成了黑色。王羲之之所以能成为著名的书法家，靠的就是长期的积累。积累一分学问，就能充实一分生命。一点一滴费心积累时似乎并无什么用处，一旦用上了却觉得这就是珍宝，可受用一生的珍宝。俗话说"书到用时方恨少"就是这个道理。然而，积累的过程毕竟费时费力，不少人便想寻找捷径，不去每天读一页书、写一页笔记，而去相信吃些"灵丹妙药"就能突然增长数倍智力，然后就能"一目十行，过目不忘"，一夜之间实现"才子梦"。殊不知，天下的学者中，并没有哪个是吃药吃出来的。

有个画家很出名，因而来拜师学艺的人也很多。有个很有天赋的弟子，每天学习很认真，渐渐地在众徒弟中出类拔萃了。可是，过了段时间以后，他突然发现，自己的水平超出了很多人，很多师兄弟都比不上他了。这让他感觉到自己是多么地了不起。于是，他就去向师傅请教：

"师傅，我什么时候可以出师呢？"

"嗯？你跟我来吧！"

师傅带着这个徒弟来到了后山树林里的一棵大树下。只见这棵树的根部有个很深的树洞，洞口大约有碗口大小。师傅找来了一根棍子和一个鸡蛋大小的铁球，然后把铁球扔进了这个树洞里。做完了这些，他问这个徒弟："你能用木棍把铁球弄出来吗？"

徒弟拿起棍子，试了不少方法，但弄了好久也无法把铁球取出来。师傅看着他急得涨红的脸笑了，转身提来一桶沙子，他一边往洞里倒沙子，一边用木棍拨弄铁球，防止铁球被沙子埋起来。不一会儿，沙子就把树洞填满了，这时，把手伸进洞里，很轻而易举地就可以把铁球取出来了。

徒弟不好意思地看着师傅，忽然明白了其中蕴含的道理——成功要靠经验的积累，只有积累到了一定的程度，才可以获得成功。

每个人都会有梦想，也都渴望成功。然而，智大才疏往往是阻碍年轻人成功的最大障碍。年轻人往往只看到成功人士功成名就时的辉煌，却忽略了这些成功人士在获得成功之前所进行的各种艰苦卓绝的努力。这个世界没有一蹴而就的成功，任何人都只有通过不断的努力才能凝聚起改变自身命运的爆发力。

上个世纪初，美国和日本分别有两个年轻人在为自己成功的人生努力着。

日本人在每个月的某一天都雷打不动地把自己收入的三分之一存到银行里，尽管他这样做会让自己在很多时候都感受到手头的拮据，但他仍咬着牙坚持下来了。甚至有时他不得不以借钱为生，但他从未停止过存款行为且从来不去动用银行里的存款。

相比之下，那个美国人的情况就有些糟糕了。因为他从不出去赚钱，而是整天躲在狭小的地下室里，将数百万根的K线一根根地画在纸上，然后一一贴到墙上，自己对着墙静静地思索这些K线，他甚至能对着一张K线图发几个小时的呆。后来他干脆把美国证券市场的所有纪录搜集起来，自

5

己就盯着那些杂乱无章的数据寻找其中的规律。由于没有客户挣不到钱，他很多时候不得不靠朋友的接济勉强度日。

就这样，两个年轻人用自己的方式过了6年。

6年里，日本人靠勤俭使自己拥有了5万美元的存款；美国人则完成了对美国证券市场的走势与古老数学、几何学和星象学的关系的系统研究。

6年后，日本人用自己在艰苦的岁月里仍坚持节衣缩食、积累财富的经历打动了一名银行家，并获得了创业所需的100万美元的银行贷款，从而创立了麦当劳在日本的第一家分公司，他自己也成了麦当劳日本连锁公司的掌门人。这个日本人叫藤田。

6年后，这个美国人成立了自己的经纪公司，他还发现了非常重要的有关证券市场发展趋势的预测方法，并把这个方法命名为"控制时间因素"。他在金融投资生涯中赚取了5亿美元的财富，成为华尔街上靠研究理论而白手起家的神

话人物。他叫威廉·江恩，世界证券行业人人皆知的"波浪理论"的创始人。如今，威廉·江恩的"波浪理论"被翻译成十几种文字，在世界各地传播，也成了金融领域从业人员必须掌握的知识。

藤田靠节衣缩食攒钱起家，江恩靠研究 K 线理论致富，这两个看似风马牛不相及的故事中却蕴含着同一个道理，那就是：许多成就大事业的人，都是从一点一滴的努力中创造和积累成功所需的条件的。

现实生活中，一些人心浮气躁，平时不努力，高不成低不就，就想天上掉下个馅饼，让自己轻轻松松地一举成功，结果却是一事无成。要知道，机遇不会垂青于没有准备的人。"不积跬步，无以至千里"，无论大成功还是小成绩，都需要付诸努力才能实现，需要积累才能获得。无论是做事还是做人，都不能急于求成，更不能眼高手低，光想着去做什么大事，而不屑于小努力、小成绩。只有大处着眼，小处着手，用一个个小成功不断地一点一滴的积累经验，达到一定程度突破临界点后，定会发生质变，突破现状，脱颖而出，达到新的境界，那将是更大的成功。

成功需要积累，这是一个最原始也最简单的真理。

踏实做事赢名声

【原典】

死与，生与，天地并与，神明往与！

——《庄子·天下》

【释义】

死啊，生啊，与天地共存啊，与造化共游俱往啊！

庄子认为，生死与天地共存，它们之间是有着一定联系的。同样的，每个人的名声也不是与生俱来的，而是从每个人各自的实际行动中体现和形成的。

好的"名声"其实很挑剔，它不会随便地去追随哪个人，相反它很挑三拣四，只有觉得你忠实可靠，名有所值，它才会心甘情愿地追随于你。所以做事不能追求虚名，更不能摆什么花架子，而要把追求实效放在第一位，具备真正的做事精神。

有些人获得了一些名誉后，就不再继续展现自己的才能，也不再像以前那样努力去做贡献了，渐渐地，原来获得的名誉就和实际不相符了，"名"也就变成了虚名。虚名会让人一步步放弃一直以来所做的努力，而沉迷于已经取得的名誉，不思进取，最终一事无成。

我国古代有一个神童，很小就能过目不忘，吟诗作赋，被人们所称道，一时成为当地的"小名人"。可是成名之后，这个孩子就沉醉于虚名之中，从此不再刻苦努力地去学习。长大成人之后，他竟然和一般人一模一样了，原来表现出来的那些天赋、才能也都了无影踪，最后平庸地过了一生。

图虚名是不能大胜的，因为虚名会误事。不少达官贵人就是因为好大喜功而落得身败名裂的下场。但也有不图虚名的大官。像魏征就不图虚名，一心为百姓办实事，凡事从百姓的利益出发，因而得到全国上下的支持和理解。

隋朝立国之初，文帝制定的法律是比较切合实际的。然而隋炀帝登基后，使用严刑峻法来强化统治，结果弄得民不聊生，百姓纷纷造反。到了唐代，唐高祖制定的法律着眼于百姓，基本恢复了隋初的宽平。到了唐太宗时，唐太宗特别注意吸取隋亡的教训，下令对法律进行修订，对一些条文进一步改重为轻，原来规定判处绞刑的罪责，改为流放服劳役；判处斩首的罪人，则必须通过宰相和六部尚书来讨论决定，而且还要经过5次复奏才可以执行，以免出现错杀和冤狱。

"死者不可再生，用法务在宽简"，这就是唐太宗时规定的立法和执法原则。

唐太宗很明白，自己虽贵为天子，但是同时也是一介凡人，也有激动生气的时候，因此，他就要求他的大臣们经常去提醒他。

贞观初年，濮州（今山东鄄城北）刺史庞相寿因为贪污被人告发，很快受到追赃和解职处分。他是秦王府旧人，觉得多少也有些交情，就向唐太宗求情，希望能得到宽大处理。于是，唐太宗就派人传话给他说："你是朕的旧部下，贪污大概是因为穷迫，朕送你100匹绢，你继续当刺史，今后自己可要检点才好。"唐太宗这么做，显然是徇了私情越了法度。魏征知道这件事情后，立即向唐太宗进谏说："庞相寿贪污违法，不加追究，还要加以厚赏，留任原职，就因为他是陛下的旧人。而他也并不以自己贪污为罪过。陛下为秦王时旧人众多，如果他们都学这个样子贪赃枉法，就会使廉洁的官员感到害怕，影响吏治的清明。"唐太宗看了魏征的奏章后，认识到了自己的错误，马上下令改正对庞相寿的宽大处理，而依照原判执行。

曾在隋朝任官的郑仁基有个女儿，长得美丽非凡而且满腹才学，长孙皇后于是奏请把她聘为容华，唐太宗听了就同意了，并下发了册封的诏书。魏征知道郑家小姐已经许配了人家，就又进谏劝阻："陛下身居楼阁之中，就应希望天下百姓有安身之屋；陛下吃着精美食物，就应希望百姓也饱食不饥；陛下看看左右妃嫔，就应希望天下男女及时婚配。现在，郑家女儿已经和人订婚，陛下却要将她纳入宫中，就难道合乎为人父母的心意吗?"唐太宗一听,立即认识到自己的错误,一番自责后决定停止册封。这时,一旁又有人提出,郑家小姐并未出嫁,而且诏书已下,不宜中止。这时,和郑家小姐订婚的陆爽也上表说:他和郑家实际上并没有任何婚约。于是,唐太宗召见魏征,征求魏征的意见。魏征听了全都明白了,他坦然对唐太宗说:"这是陆爽心里害怕陛下,才违心上表的。"于是,唐太宗重新下了一道敕令:"今闻郑家之女,先已受礼聘,前出文书之日,未详审事实。此乃朕的不是。"果断地收回了册封诏命。

伴君如伴虎。魏征如果只是徒慕虚名的人,他根本没有必要冒着生命危险去劝谏李世民,他只要经常对表面的太平盛世歌功颂德,锦上添花,让唐太宗开心就可以了。但魏征却用他一贯实在的作风,遇事从来不从考虑自己利益出发,而是把更多的精力投入在办实事,出实效,为江山社稷着想,为百姓谋利上。这也使得百代之后,青史仍留魏相之名!

名誉毕竟是身外之物,虽然很重要,但是,与生命相比,却是无法比拟的。为了追求身外之物的名誉,而去影响、损害、甚至送掉性命,这是舍本逐末的做法,丝毫不可取。而名声也不会属于想不劳而获的人。要追求自己的人生目标,就不要被眼前的花环、桂冠挡住前面的道路,你应该毫不犹豫地拨开这些身外之物,脚踏实地去做事,用自己的辛勤来获得更多的荣誉。

见地高超铸大业

【原典】

斥鴳笑之曰："彼且奚适也？我腾跃而上，不过数仞而下，翱翔蓬蒿之间，此亦飞之至也。而彼且奚适也。"此小大之辨也。

——《庄子·逍遥游》

【释义】

斥鴳讥笑鹏鸟说："打算飞到哪儿去？我奋力跳起来往上飞，不过几丈高就落了下来，盘旋于蓬蒿丛中，这也是我飞翔的极限了。而它打算飞到什么地方去呢？"这就是小与大的不同了。

一个获得成功的人，往往在做事之前就给自己定下了切实可行的奋斗目标。以定下的奋斗目标作指引，按照周密的计划去实行，通过长期的不懈努力，最终他到达了成功的彼岸。而他成功的大小，和最初定下的目标的高低是一致的。

庄子认为，每个人都可以摆脱自身的束缚，找到属于自

12

己的自在与自由。不论做什么事情，首先见解要高出常人，正所谓有远见才能有真正的成就。一个人见解不高，他所取得的成就也就会很有限。虽说也有成就，但他的成就就像文章中的那只小鸟一样，使劲飞起来也只能跃个几丈高，然后在乱草上一站，随风摇啊摇，"人生境界"也就如此而已。

在庄子看来，所谓的眼界，指的是人的见识广度；所谓的境界，指的是人的思想、情操所能达到的程度和层次。站得高才能看得远，看得远才能做得好。眼界往往能决定境界，眼界越宽广，境界就越高。

从前，有两个正处于饥饿之中的人得到了一位长者的恩赐：一根鱼竿和一篓鲜活肥硕的鱼。他们两个作了分配，一个人要了那篓鱼，另一个人则要了那根鱼竿。分好东西后，他们就此分手。得到鱼的那一个就在原地用柴禾搭起来，点燃篝火准备煮鱼吃。饿坏了的他一看鱼熟了，便狼吞虎咽开始吃起来。还没等他品出鲜鱼的香味，一锅鱼转瞬间就连鱼

带汤地被他吃个精光。很快地，一篓鱼都被他吃完了，结果他饿死在了空空的鱼篓旁。另一个人则提着鱼竿继续忍饥挨饿，一步步艰难地向海边走去，打算到海边去钓鱼来充饥。可是，等他看到不远处那片蔚蓝色的海洋时，他身上的最后一点力气也用完了，再也无法迈出半步。最后，他只能眼看着那片诱人的海洋，带着无尽的遗憾离开了人世。

巧的是，另外两个饥饿的人也得到了长者恩赐的一根鱼竿和一篓鱼。不同的是，他们拿到鱼竿和鱼后并没有各奔东西，而是共同商定一块去找寻大海。在路上，他俩每次只煮一条鱼，而且两人进行了合理分配，使每个人摄入的食物量基本能满足行进的需要。经过长途跋涉，他们终于来到海边，很快就开始了捕鱼为生的生活。几年后，他们都盖起了自己的房子，并分别有了各自的家庭和子女，还有了自己建造的渔船，过上了衣食无忧、幸福安康的生活。

一个只顾眼前利益的人，最终得到的将是短暂的欢愉；一个目标高远的人，也要注意面对现实的生活。只有理想和现实有机结合，才有创造成功的条件，才可以帮助人们取得成功。

没有远见、只顾眼前利益的人，只能看到眼前的、摸得着的东西。与之相反，有远见的人心里装的则是整个世界。远见跟一个人的职业无关，他可以是一个货车司机，也可以是个银行家，或者是大学校长、公司职员甚至农民。有远见的人容易取得成功。所以有人说："世界上最穷的人并不是身无分文的那个，而是没有远见的人。"

从前，有一个到欧洲去卖货的阿拉伯商人，他的生意很兴隆。一次他拉了一马车货物出门，哪知没几天就卖完了。顺利地挣到了钱，他于是喜滋滋地给家人买了礼物，并把它们装上马车，然后赶着马车就往家里赶去。归家心切的他日夜兼程，都是深更半夜才住店休息，第二天一大早就起来匆忙赶路。一天，店主帮他把马牵出马棚时，细心地发现马左后脚的铁掌上少了一枚钉子，就好心地提醒他给马掌钉钉。商人听了满不在乎地说："再有十天就到家了，我可不想为一颗小钉耽误时间。"话音未落，他就急急地赶着马车走了。

两天后，商人路过一个小镇时，被一个钉马掌伙计叫住了："马掌快掉了。过了这个镇可不容易再找到钉马掌的了。"商人还是不想停下来："再有八天我就到家了。我可不想为一个马掌耽误功夫。"离开小镇没多远，走到一个人烟稀少的地方时，马掌掉下来了。商人心想："掉就掉了吧，我可没时间再返回小镇了，就要到家了。"

哪知走了一段路后，马的足部由于没有马掌的保护而受伤了，走路也开始一瘸一拐起来。一个牧马人看到了就对商人说："让马养好脚再走吧，否则马会走得更慢的。""再有六天我就要到家了，马养伤多浪费时间呀。"

在他的坚持下，马儿继续前行。可是慢慢地，马走得更跌跌撞撞了。一个过路人见此情景，劝他让马养好腿再继续赶路，可他说："老天，养好腿得多长时间？再有四天我就要到家了，别耽误我与亲人见面！"

又走了两天，马的伤情越来越重，终于倒下了。这时，商人只得丢下马和车子，自己扛着东西徒步继续朝家走去。

这样，马车走两天的路程他要走四五天，结果到家的时间反而比预定时间晚了两三天，真是欲速则不达啊。

　　眼界决定境界。做事情要多从长远考虑，不能只看着眼前利益，要以长远利益为重，不要为了一点眼前的利益而损害了长远利益。对于实现自己长远目标有利的事情一定要努力地去做，相反，一个人要学会对自己长远目标不利的事情一定要坚决拒绝，千万不能贸然去做。

机会只眷顾有备而来的人

【原典】

是鸟也，海运则将徙于南冥——南冥者，天池也。

——《庄子·逍遥游》

【释义】

这只鸟，当海动风起时就飞往南海，那南海，就是个天然的大地。

一位哲人曾经说过："人生就是一系列机遇的组合。"要想获得成功，不可能一蹴而就，只有做好准备，才有可能获得成功。而除了做好准备之外，好的机遇也是成功的一个不可或缺的条件。

庄子认为，鹏就是从鲲变化而来的，当它具备了飞行的能力时，只需要借助风的力量就可以达到自己的目的。成功往往偏爱那些有准备的人，也只有做好准备，才能顺势而成。

而我们也常常会听到很多人这样抱怨：我就是缺乏机会，要是有什么，就已经怎样、怎样了。

两类人不同的话语表白，也正是"庸人"与"成功者"对人生的不同诠释。而在这个世界上，善于进行这样"组合"的人实在是太少了。因而在日常生活中，更多的是悄无声息的平淡人生，而辉煌风流的人生则寥若晨星。

当年诸葛孔明"草船借箭"，一箭三雕，成为千古佳话：一骗曹阿瞒，二气周都督，三保全自身。故事流传到现在，人们更为关心的，已经不是当时那个错综复杂的政治局势，而是诸葛孔明如何能具备那样超乎常人想象的把握时机的洞察力。

众所周知，周瑜对诸葛亮妒忌有加早已是个公开的秘密，"造箭"不过是个幌子而已，加害才是"真"。他一方面以对曹军作战急需为名，委托诸葛亮在 10 日之内督造 10 万枝箭，一方面吩咐工匠故意怠工拖延，并在物料方面给诸葛亮出难题，设置障碍，使诸葛亮不能按期交差，以便自己能"名正言顺"地除掉诸葛亮。然而，聪明的诸葛亮不仅通天文，识地理，而且也知奇门，晓阴阳，更擅长行军作战中的布阵和兵势，在 3 天之前就已料定必定会有一场大雾可以利用。诸葛亮既预知了天气的变化，又深深知道曹操虽然英勇善战但生性多疑。所有这一切，构成了一个绝好的机遇。然而诸葛亮没有疏忽，他抓住这个机遇，不仅为蜀汉政权创造了一个外交、军事上的巨大成功，更为自己充满神奇的一生添上绚烂神秘的一笔。

其实，所谓的"应运而生""时势造英雄"，无论是"运"，还是"时势"，都是"机遇"的另一种表现符号。成功的人之所以能获得成功，就在于他能适时并轻而易举地把握住人

18

生的机遇，时代的脉搏。

那么，要怎样去做才能牢牢地抓住人生的机遇，让已有所准备的自己也能拥有成功的快乐呢？

机遇实际上就存在于我们身边，然而平庸的人往往对它视而不见，反而以为自己总是不能有好运气，因而一次次与迎面而来的机遇失之交臂。所以，机遇只垂青于那些有眼光，而又有冒险精神，能勇于直面危险的人。

曾经风靡世界的日本八佰伴公司，刚刚成立时也不过只是个卖水果蔬菜的小店而已。然而，经营一段时间以后，具有远见的和田一夫抓住经济发展的机遇，大胆实行扩张，终于使自己的小店迅速成为大型超级市场连锁店，并拥有资本236．6亿日元，以及3500名从业人员。最终，和田一夫的店铺在日本国内有42家，海外还有26家。他的奋斗史，也成了日本商业界的一个奇迹。

而微软的成功，更是让世人对比尔·盖茨这位年轻人刮目相看。正值40出头、黄金年华的比尔·盖茨，却已拥有高达180亿美元的资财。想当年盖茨读书时，他不过只是个上课不专心，下课专爱做一些计算机组装的毛头小伙子。可是就是这样的一个毛头小伙，却成就了如此庞大的事业，与计算机龙头老大IBM平起平坐。比尔·盖茨的成功靠什么？一句话，靠

的就是他卓越的非比寻常的眼光、冒险、机遇。

机遇随时出现在我们身边，只有聪明地抓住它才能借势获得成功。如何抓住机遇？除去上面所说的几点，还有两点也是非常重要的。

一是反向思维。很多人都付出了艰苦卓绝的努力，苦苦寻觅却一无所获，究其原因，正是因为他受制于习惯思维定势，被"圈"在一个固定的模式中。可是，机遇的栖息之处往往偏偏处于定势之外。从这一点来说，不人云亦云，不盲目地随波逐流是把握时机的关键。别人认为不可能行得通的事，有可能是过分夸大了困难，也可能是这么做并不适合他们，可是，这件事情却非常适合你去做。这时，能清楚地看到这一点，并能准确地把握好机会，自然就获得了机遇而离成功不远了。很多时候，趋之若鹜时退避三舍可能得到的会更多，而在大家都踯躅不前时，或许你多跨一步就能够独领风骚。

二是科学的分析。如今，经验的时代早已不复存在，科学愈来愈统治着人类的行为。对机会的分析和把握，无疑更应划入科学的范畴。一些大企业、集团、公司为把握市场走向而采取的措施就说明了这一点。当今世界上很多顶尖级的集团、公司，都会花费大量的人力、物力、财力，用于搜集、处理、分析市场动态，以便从中捕捉任何有利于本集团、本公司的信息。经验的局限已经让越来越多的人们尝够了苦头，从而不再敢提对它的信任。

由此可见，对机遇的把握也不是在一瞬间就能完成的，为了获得机遇，其中也隐藏着更为丰富的内容。从这一点来

20

说,有时候把握了机遇,并不能说明走向了成功——成功与否,还在乎实力。

这是一个充斥了竞争气息的世界,达尔文的优胜劣汰在现代得到了过分的扩张。如果没有坚实的根基,一旦风雨来临,你就会很快地随风飘摇起来,无从决定自己下一步的发展,甚至因此而功亏一篑。如此,即使面临再好的机遇,也相当于零。这也是八佰伴公司给我们留下的教训。

说起来,接下来事情的发展简直令人难以置信。八佰伴公司在国外虽然声名赫赫。可是,在日本,很多东京人根本不知道八佰伴到底是什么,更不知道它是经营什么的公司。在日本,八佰伴的店铺也只在静冈及周边地区开办,并没有形成真正意义上的全国性的经营规模。就在这样的情况下,和田一夫还要跟着"国际化"这一经济发展潮流,贸然向海外发动大规模的扩张,先后"入侵"中国、巴西、英国、美国等地。结果,过度的扩张引起了自身资本不足。最终和田一夫不得不宣布破产。一座影响力本可以震撼世界的商业大厦,就这样轰然坍塌。

八佰伴失败了,然而微软却依然巍然屹立于市场激流中,个中原因不难明白,那就是打好了扎实的根基。

总之，机会对每个人都是均等的，就看你能不能不失时机地抓住它。机会也是具有人为因素的，勇往直前与老成持重同等重要，用已做好的准备，加上超于寻常的眼光、魄力，行动起来，就可以放手去创造属于自己的奇迹了。

细节成就未来

【原典】

明于本数，系于末度，六通四辟小大精粗，其运无乎不在。

——《庄子·天下》

【释义】

（古时圣人）既能通晓有关道术的大经大法，又能旁及有关法度的细节细目，不管是六通四辟的空间，或者是小大精粗的事物，那大道的运行变化无处不存在。

"小事成就大事，细节成就完美。"这句话得到了很多人的推崇。很多时候，细节往往能决定成败，得与失也在一念之间。

庄子认为，古时候圣人就将大道运行变化运通于每一个角落，说只有这样才能使大道发扬光大，所以，在这个世界的每一个角落都蕴藏着成功的关键因素。从这一点来说，为人处世切切不能忽略细节，细节对成功者来说起着至关重要的作用。

无论要完成什么样的工作，都免不了要去做些微小的事情。生活也是这样，细节无处不在。无论你的生活是怎样的，日子都是从细小开始的。每个人的生活都是通过一个个细小的情节拼凑以后，才构成了现在所拥有的日子。所以，不要忽视细节，也许，它就是你将来得以获得成功的基石。

很多人都是靠在细节上的表现而获得成功的。因此，要想自己的工作不流于一般，首先就应当学会在细节处下工夫。

工作中出差是难免的，作为公司老板更是机会多多。有的公司老板喜欢让身边的秘书去买车票。买票看似很简单，然而就是从这样一件简单的事情中，却可以反映出不同的人对工作的不同态度及其工作的能力，由此也可以推测出这个人的前途如何。有这样两位秘书，一位把车票买回来以后，也不整理一下，怎么拿回来的就怎么交上去了；另一位把车票买回来以后，先将车票装进一个大信封里，然后在信封上写明所乘列车的车次、车厢号、座位号位以及起程、到达时刻。由这件随手就可完成的小事可以看出，后一位秘书是个细心人，虽然她只花费了一点点时间，只在信封上写上几行字，不仅使人看了一目了然，而且省了不少事儿。按照上司的要求去买车票，这只是"一个平常人"的工作，任何人都可以完成。但是由一个会工作的人去完成，她就会想到要怎么做才能达到最好的效果，才能给予人更多的方便，让人更满意。这就是去考虑细节的问题了。

工作上的细心不容忽视。注意细节所做出来的工作一定能赢得人心。也许当时不会引起人们的注意，但是久而久之，这种工作态度一经形成习惯，一定会给你带来巨大的收益。存有这种细心的工作态度，是因为对每一件工作任务都是怀着极为重视的态度，因而面对再细小的事也不会掉以轻心，而是全神贯注地去做。在事业上能有大作为的人，就算刚开始时要他去收发室做整理信件的工作，他也会做得与众不同且胜出常人一筹。这种注重细微环节的态度，为以后的成功打下了坚实的基础。

工作上做到细心周到，就能"方便他人，方便自己"，同时也减少了不必要的麻烦，还能得到他人的好感，让人觉得你办事周到，进而加深对你的印象，为以后更顺利地完成工作做好铺垫。

一部名为《细节》的小说的题记是这样写的："大事留给上帝去抓吧，我们只能注意细节。"作者还借小说主人公的话作了注脚："这世界上所有伟大的壮举都不如生活在一个真实的细节里来得有意义。"

细节，就是小节，它不仅具有艺术的真实，而且更具有生活的真实。艺术来源于生活，而生活的真实也造就了艺术的真实，看电视剧和小说时，其中的细节如人物的心理、动作、语言等，就常常让我们感动不已。

生活就像无限延伸的链条，细节就如链条上的链扣，没有这一个个链扣，又哪里来的链条？历史就像日夜奔腾的江河，细节就如江河边的支流，没有这一条条支流，又哪来的江河？回味生活，翻阅历史，为什么不从最简单的细节做起？人类的头上三尺如果真有神灵的话，它也许不会只把大事留给自己，而把小节留给人类。

一句话，若想获得成功，就不得不去注意细节。如果不想因小失大，那就要特别注重细节。"千里之堤，毁于蚁穴"的道理人人都懂，到那时想挽回可就晚了。

第二章

无不为的适时处世

无论是道家说的「大成若缺」、「大盈若冲」，还是「曲则全，枉则直」等等，无不体现出一种「守弱」的主张。道家认为，柔弱是保存力量因而成为刚强的方法。也是人们能够立身于世的最佳姿态。

管理就是不要管太多

【原典】

顺物自然，而无容私焉，而天下治矣。

——《庄子·应帝王》

【释义】

适应事物的发展，自然而然，无心而为，则天下就可以达到大治。

这里讲的是无为的道理。所谓无为，并不是无所作为，什么事情都不去做，而是告诉人们一切要顺其自然；而所谓的顺其自然，就是说不要人为地对事物进行干预，用自己的私见去以偏概全。

老子对此也有过精辟论述："上德无为而无以为；下德无为而有以为。"他认为，最高的境界是顺乎自然无心而为，而居下的境界是顺乎自然却有心而为。这个"心"，指的就是私心，是出于"知"而故意做出的一种行为。它的方向与求道的方向相反："为学日益，为道日损。损之又损，以至于无为。无为而无不为。"

学习知识采用的是增加的方法，即每天不断学习新的知识，知识从而不断得到积累；而学习道则刚好相反，学道采取的是减少的方法，就是不断地减少情欲和各种人为的僵化的观念，以最后达到消除"人为"的东西的目的。道学家认为，以这种无为的态度去有为，就没有什么办不成的事。因此老子主张："为无为，事无事，味无味。"以无为的姿态去有为，以无事的态度去做事，以无味的心境去品尝有味，这样才能够成功。否则，总是觉得非得这样去做，急于获取成功，这样十有八九是要失败的。

这种"无为"思想，并不像一些人所说的是没落人士的一种自我安慰，是阿Q的"精神胜利法"。相反，它是一种深刻的世界观和人生观，其中的道理极为深刻，意义也非常深远。不论是治理国家，还是个人的生活和社会部门的管理，都是很适用的。

一个国家，尤其是地大物博的国家情况更为复杂。人和人的关系以及相互影响纵横交错，人与人之间的经济状况差异也较大，文化观念也多有不同。而国家的政策往往只顾及大多数人，采取的总是一刀切的方式，也很难制定出一种适合于所有特殊情况的政策，因为如果顾及个别的话，政策也就随之失去

29

了普遍性。因此，国家的作为或干预应尽可能减少，即使要采取干预也应该顺势而为，否则，干预越多，国家的秩序也就越容易出现混乱。

对于一个国家的领导人或一个单位的领导来说，无为的品德尤为珍贵。因为就算一个人的智慧再高明，也难以把握国家所有的情况，更难以预知整个国家的未来。如果以个人的爱好、理想为主导去实施和操作，就可能因个人的错误变成国家决策的失误，损失就难以估量了。

作为一个领导者，如果习惯于明确地把自己的爱好和意图显露出来，就会在工作时对下属们造成一定的误导。因为领导者位高权重，下属会有意无意地投其所好，只说他爱听的话，只做他喜欢的事情，使他永远听不到不同的意见，也看不到事情的真相。古代的一些君王总是自我感觉良好，却因此而犯下致命错误的原因就在于此。如果领导者少些作为，学会沉默，让人很难对其内心有真正的了解，这样也就无法去取悦领导了。

许多经验说明，过分喜欢有为的人不见得成功，而那些少有作为的人却有可能前途一片光明。这是因为一个人的作为过多，犯错误的概率也就随之增多，即使你做的十件事中只错了一件，这一件也可能会使你前功尽弃。因为人们总是习惯于看到别人的过失，而不是成就。历史上那些有作为、有才干的改革者多没有善终的，而那些庸碌之徒却稳坐钓鱼台，原因就在这里。他没有做事情，所以没有犯错误，就显得"稳重"，人们对他也没有意见，他于是得到各方面的支持，而有作为的人必定会在行事中得罪人，甚至会引起一些人的嫉妒。因而，要有所为，是需要慎重地考虑如何去"为"的。

作为个人来讲，有为的弊端在于很容易被他人利用和控制。在追求有为的过程中，其中的意图暴露无遗，同时短处也显露无遗并被人把握，成为他人利用的对象。因此，在与他人的交往和辩论中，处于守势言语不多的人其实处于主动的地位。你对对方并不了解，如果过早说出自己的看法或想法，就处于劣势。在辩论中，你所说出的观点就会成为对方攻击的靶子。而不轻易说出自己的意见，让别人感到捉摸不透，就会让对方无从下手。而等到对方说出自己观点时，你就处于主动的位置了。

在经济活动中，先说出自己想法的人往往吃亏，因为对方由此就知道了你心里的想法，很容易地就占据了优势地位。有一个聪明人想卖掉自己的旧房子，当一个买主来问价钱的时候，他对自己的期望值一直缄口不言，对方就先说愿意出八十万美元，他立即答应了，因为他的期望值只有五十万。这就是在消极、被动中采取的积极和主动。

无为的境界，是领导或管理水平的最高层次，而有为则是较低的层次，因此同样是领导，却有了"帅才"和"将才"的区别。最好的领导者并不是那些事必躬亲的人，而是那些远离第一线的人。他们运筹于帷幄之中，却决胜于千里之外。他总是在思考，而他思考的问题也都是根本性、全局性的问题。他只确定大的方向，所以显得很空灵，并不直接解决什么具体的问题。表面上看他似乎什么也没有做，但整个团体离开了他就会失去灵魂。而所谓的将才，只是技术型的人才，是实干家，这类人只适合于做些具体的工作，解决具体、局部的问题，一旦遇到全局性的问题，他们就会表现出手足无措。但是，这类人才却很善于领会帅才制定的战略，并把它落实为具体的操作。因此，这两种人才的地位是不能颠倒的，否则必败无疑。因此，一个人认识到自己究竟是帅才还是将才，是很关键的，如果不能清楚地认识这个问题，给自己的定位不准，成功就比较困难。

工作中常常可以看到，当无为型的人才（即帅才）担任着一个单位的"一把手"时，领导者气定神闲，日子过得非常轻松，整个单位也井井有条，一切都有条不紊地进行着，显得忙而不乱。而当技术型的人才（有为型的人才）担任这一职务时就会是另一种完全不同的景象：他自己窜里窜外，什么事情都要亲自插手，让自己每天都劳累不堪，似乎手里总有干不完的事情。不仅如此，单位里也是忙乱无序，一会儿这里出事，一会儿那里又有事。单位"一把手"忙得不可开交，而各级领导却很清闲，在其位可不谋其职。

之所以造成这样的局面，就是因为最高领导者管得太多了，没有弄清自己的角色和作用，把应由部下干的事情都揽过来了，结果当然是吃力不讨好。管得太死，手下当然就失去了主动性和灵活性，不敢自作主张，事事都要请示。这个道理在和平状态中不太明显，但在战场上却显而易见：那些在第一线上的人由于身临其境，能够直接感受到身边出现的局部战机，然后作出相应的决策，就可以抓住机会取得胜利；而那些身处后方的最高领导，因为远离前线，不可能看到这些稍纵即逝的战机。在这种情况下，如果管得过死，事事过问，使手下没有了主动权和自由度，那么必定会贻误战机。

32

在日常的管理活动中，这一点也是很重要的。管得太死了，手下就缺少主动性和积极性，因为他无论做多少工作，最终都会由于你的干预而把

功劳记在你的头上；同时，部下也会由于缺少自由度而失去创造的乐趣，什么事情你都已经安排好了，他只要像机器一样工作就行了，这样的工作有什么意思呢？郑板桥的"难得糊涂"，其实就包含着无为的意思。

这种思想体现在家庭中，就是不要管得太多，也不要把什么事情都弄个清清楚楚，非要确定谁是谁非不可。这样最终会把对方排斥到家庭之外。表现在单位中，就是领导者不要事事与部下计较，不要试图把所有问题都弄个水落石出，非要争个谁对谁错不可，这样只会使事情越来越复杂。而领导"糊涂"一些，把握大局，对小事视而不见，事情反而能变得简单，问题也就会减少。

因此，作为一个管理者，要学会善于引导，而不是什么事情都要去"鞠躬尽瘁"。这种领导的艺术就是无为的艺术，也就是老子所说的"大智若愚，大巧若拙"的境界。所以庄子对此也作出评价说："治，乱之率也；北面之祸也，南面之贼也。"（《天地》）意思是：治，是乱的根源，不治不乱，越治越乱。

33

战无不胜的法宝

【原典】

几矣。鸡虽有鸣者，已无变矣。望之似木鸡矣，其德全矣。异鸡无敢应者，反走矣。

——《庄子·达生》

34

【释义】

差不多了，它听到别的鸡叫已经没有任何反应，看上去像只木头鸡，它的德性可以说完备了。其他鸡没有敢应战的，看见它就逃跑了。

人们常常用"呆若木鸡"来形容一个人的愚钝和木讷。可是在庄子眼中，这句话的意思完全不是这样的，而是恰恰相反。庄子认为，只有成为这样的木鸡，才能达到大道无为的境界，也就是只有没有战胜之心才能够战无不胜。

为什么只有这样的"木鸡"才能够战无不胜呢？

首先，求胜心切的人容易虚骄，这种焦躁的心理很容易蒙蔽他自己，使他看不到自己的弱点，更看不到对方的长处，最终只能是失败。虚骄，就是自以为力量强大、战无不胜，这种心理必定导致其情绪浮躁。在这样的状态下，他往往只想到如何去取胜，而看不到危险正一步步向自己靠近。这种浮躁的心态很容易使人只顾一点，不及其余；只看到自己的智慧，而忘记了对方也是足智多谋的；只知道进攻，却忘记了在进攻的同时去进行防守。就这样毫无防备地把自己放在了十分被动的境地，有的甚至会招来灭顶之灾。人们常说的"骄兵必败"，败就败在这里。

其次，求胜心切的人必定急于进取，为了进取自然就会主动进攻。在这个过程中，在把自己的弱点暴露给对方的同时，也过早地消耗了自身的能量。我们可以看到，无论是在战场上还是在拳击比赛中，亦或是在生意场上，在双方对峙的情况下，凡是主动的一方往往反倒容易处于不利的局面。原因就在于：主动一方的过早行动会把自己的意图完全地暴露出来，从而让对方从这些行动中获取到有用的信息，不仅知道了主动方的意图，还可以探究到主动方的弱点，从而根据获取到的信息采取相应的对策。于是，原来看似被动的一方这时反而处于主动地位了。而主动方还会因为自己采取的行动先消耗了一定的力量，而被动方在摸清对方的意图后，这时却如守株待兔者一般，以静制动，等待对方的力量有所消耗，一旦时机成熟便如脱缰之马，以破竹之势进攻，很容易就取得了成功。值得注意的是，在面对比自己强大的对手的时候，采取以弱势姿态出现显得更加重要，因为在这种情况下如果强要硬拼，无疑是以卵击石，得不偿失。

毛泽东的游击战术就是以弱胜强、以静制动的典型例子。由于自身较之对手来说弱得多，毛泽东就主张以弱的战术——游击战，与敌人战斗。以"拖"的方式来消耗敌方力量，把敌方拖到于自己有利时再大举进攻。在体育运动中也有许多这样的事例。如在拳击中，先进攻的那一方并不见得最终就能取胜，有的人就是采取"拖"的战术，同时不断挑衅，先让对方尽情施展手脚，自己却一味退让，静观对手的招式，以保守的姿态来保存力量，等到对方没有还击之力时，再发动猛烈的攻击，这时候对手往往就不堪一击了。在长跑运动中，一开始就跑在前面那个人大多不能获得第一名，因为他把力量过早地消耗掉了。不仅如此，由于他急于取胜，在心理上和体力上出现了过度紧张，这反而影响了他，使他难以发挥出最大的力量。与此同时，由于一开始就跑在第一个，他成了大家赶超的目标，以至于所有的人都在与他较量，成为众矢之的，拥有众多对手的他反而不容易实现自己的目标了。与此相反，一个一开始就默默无闻的人，跑在不前不后的位置，一般没有人会去注意他，等到最后冲刺时刻，他却如离弦的箭一般加快速度往前冲，这时，别人想赶超他也

来不及了。这就是以守为攻反败为胜的又一例子。

只有不把胜负放在心上的人，才能够最终摘取到胜利的果实。这样的人把胜负

置之度外，因而气定神闲，他们不在乎一时的得失，而在乎时机是否成熟。时机不成熟时采取行动，不仅会劳而无功，还会给对方提供进攻的机会。把胜负置之度外，则神情镇定，这样的状态一开始就能给对方产生一种震慑力，在对方的心理上造成一定压力，从而感到恐惧。这样在精神上就已经战胜了对方。越是在危急关头越需要这样一种镇静。许多错误就是由于不能保持镇定造成的。比如遭遇歹徒的时候就特别需要镇静，因为对方是已经失去镇静而变得丧心病狂的人，而你的镇静可以减弱其疯狂的程度，从而避免更大的伤害。在这种情况下如果被侵害一方失去了镇静，那么就促使歹徒更快地进入丧失理性的状态，做出伤天害理的事情。事实证明，你的喊叫、挣扎都会刺激他的伤害欲，而镇定中透出的大义凛然会使歹徒有所收敛。

由此，又想到了老子所说的"大智若愚"。大智若愚的人给人的感觉很"呆"，有时甚至就是"呆若木鸡"。他们在人们的眼中总是那么愚钝，不太懂得为人处世，甚至很傻，因为别人很在乎的事情他们却觉得无足轻重。与这类人相反的人给人的感觉总是很聪明，甚至精明。他们在日常琐事中表现出的智慧让他们占到了很多便宜。但那都是些细枝末节的事情，一旦遇到大是大非问题他们就糊涂了。这样的人在小事上的确非常聪明，或者可以说是智慧非凡，然而这类人大多不会有远大前途，因为他们太斤斤计较那些无关紧要的事情了。而那些有大智慧的人由于站得高、看得远，所以根本不在意平常人所关注的事情，而只看到那些具有远大前途的东西，因此他才具有远大的前途。

所以，当我们听到一个人嘲笑另一个人愚蠢的时候，千万不要人云亦云，而要冷静地想想，他的"呆若木鸡"是否就是"大智若愚"？究竟是谁愚蠢？说不定那个嘲笑别人的人才正是一个最愚蠢的人！

38

适时无为，实则有为

【原典】

故君子不得已而临莅天下，莫若无为。无为也，而后安其性命之情。

——《庄子·在宥》

39

【释义】

所以，君子不得已而居于统治天下的地位，那就不如一切顺其自然。顺其自然才能使天下人保有人类自然的本性与真情。

无为，然后能无不为；无为，然后能有作为。

有为与无为看似正好相反，其实是相互贯通的。顺应客观环境，无为而治，也并不是完全地听天由命，任由摆布，而是在顺应客观的同时，讲究方法和策略，主动乐观地去想办法解决在现实环境中遇到的矛盾，并制定出合理的方法和对策。所谓"无为而治"，其实是指大有为，貌似无为，实则有为，眼下无为，长远有为的一种为政策略。

人说话不必求多，只需求精，有时候表现虽然是默默无言，却可以给对方以强烈的震慑力。就像诸葛亮布下的空城计，看上去空空荡荡，却能给敌人一种受到包围的不祥预感，只好夹着尾巴偷偷溜走。"欲擒故纵""大智若愚""大巧若拙"的意思是遇事不慌，镇定自若，挥洒自如。在个人的为人处世或企业经营和谈判中使用它们，多能获得非同寻常的效果，这也是一种人生智慧。

庄子继承了《老子》政治论的精髓，一句话就把它概括出来了，那就是"无为"。"以无事而治天下，吾何以知其然哉？以此：天下多忌讳，而民弥贫；朝多利器，国家滋昏；人多技巧，奇物滋起；法令滋彰，盗贼多有。"这句话的意思是说："禁令越多，人民就越贫困；技术越进步，社会就越混乱；智慧越增加，人民就越不幸；法令越完备，犯罪者就越容易滋生。"为此，他奉劝领导者们要"无为而民自化，好静而民自正。"

这种"无为"包括三个方面的内容。一是作为领导者，应当尽量少发号施令；二是不要施行使百姓负担过重的政策；三是对下属的各种活动要尽量避免介入和干预。然而，这也并不是说要领导者对一切事情都不闻不问，而是要领导者随时都要留心下属的动向。经常口出怨言或者发牢骚、自叹倒霉的领导者并不称职。因为无论工作再怎么辛苦，那都是自己应当承担的责任，所以尽管心里很压抑，也不应该表现出痛苦的样子，而要用悠闲自在的精神状态来面对下属，感染下属，使工作能有条不紊地按计划进行。

从辩证法的角度来看，"有为而治"和"无为而治"都符合辩证法的原理。"有为"是手段，"无为"也是手段，"治"才是目的。从表面上看来，"有为"和"无为"似乎是不相容的，但作为工作方法来看，它们却是能够殊途同归，共同达到"治"的目的。

随着社会生产能力的不断提高，生产规模的逐渐扩大和部门的不断增多，一个领导者即使再精明强干，也是无法事必躬亲，样样"有为"的。他必须学会去忽略那些可以忽略的东西，做到大事"有为"，小事"无为"。

如何处理好这"有为"和"无为"关系呢？

首先，高层领导者要在事情的最初阶段表现出"有为"来。实践证明，很多事情其实也不必高层领导者经常参与和督促，他只要在开始表示一个态度就可以了。这种表态过程可以叫"拍板"，也可以叫"决策"。一旦拍了板，那也就算是"有为"的举动了。现实生活中，高层领导者只在工程开工之初参加的"奠基仪式""开工动员"等活动就属于这一类。

41

其次，高层领导者也可在事情进展到一定程度时表现出"有为"来。这时的"有为"，目的是为了引导、推动和完善群众的活动，促使高潮的到来。而当高潮形成后，他就应奔向新的目标，在新的领域开始自己的又一个"有为"。

第三，高层领导者的"有为"只需要在首尾两头有所表现就够了。也就是说选取一件事的开始和完结处表现"有为"，以便把群众的思路引向另一个方向和转向新的领域。同时，这样也可以表明领导者对有关事情的态度和此事在全局中的地位。

此外，一些事情，高层领导者只需扮演"旁观者"的角色就够了，从始至终他表现出来的都是自己的"无为"。这个时候，他的"无为"可不是"无能"，这时的"无为"，目的在于给下属们提供一个"有为"的锻炼机会。

值得说明的是，高层领导者的"有为"，不应是直接指向目的的活动，而应是直接指向被领导者的活动。对一个高层领导者最基本的要求，应该是他能够组织别人"为"什么，而不是单纯地看他个人能够"为"什么。一个高级军事指挥员，如果放弃组织战役、调兵遣将的战略任务，而去直接参与前线的肉搏或冲锋，那么他根本就不是一个优秀的指挥员。原因是，他的"有为"和"无为"正好倒过来了。

什么事情该"有为"，什么事情该"无为"，什么时候应"有为"，什么时候要"无为"，这些对于一位成功的高层领导者来说至关重要。

第一，如果不该"不为"时有所作为，不仅会影响下属的主动性和积极性，而且还会妨碍、干扰下属的工作。长此以往，不仅会让下属们不能独当一面，反而会养成照抄照搬的依赖心理。

第二,不该"有为"时却有所作为,这必然会破坏整个领导机构的系统功能,影响各级领导者在"管理场"中的固定位置,导致工作秩序紊乱。一个领导者,如果越俎代庖,干了下属的事,难免顾此失彼,

势必疏于职守,"金字塔式"的领导系统的发散性和收敛性功能必然不能兼备运行。

第三,不应在"不为"时有所作为,这样很容易地就会将不成熟的意见强加于人,从而造成失误,降低组织的威信。在实践中,一些高层领导者坚持按照自己不成熟的意见去支配组织,最后酿成大错的例子屡见不鲜。人们在总结经验教训时,都习惯于用组织的失误或考虑不完善、不成熟来为领导者开脱,这样的评判不一定是对的。因为组织的思想、行为是受人(领导及其成员)支配的,组织者尤其是高层领导者的成熟与否直接表现为整个组织的成熟与否。从这个意义上来说,只有不成熟的个人,没有不成熟的组织。同样是组织,为什么有的人作为高层领导者,能把工作做得那么好,而另外的人却做不好呢?

第四,不该"有为"时而去有所作为。即便高层领导者是用心良苦,然而这么做也会因小失大而祸害无穷。一个高

层领导者需要真正站在社会实践系统所赋予他的固定位置上全盘考虑，把握好方向，而在具体工作中乐当"甩手掌柜"，这样的领导者才算是高明的高层领导者。有所不为，才能有所为，历史的辩证法说明了这个道理。

北欧航空公司董事长卡尔松上任伊始，就开始了对北欧航空公司进行大刀阔斧的改革。他的第一个目标是要把北欧航空公司变成欧洲最准时的航空公司，然而他却想不出该怎么下手，从哪里下手。为此，卡尔松到处寻找有能力负责处理这件事情的人，最终让他找到了合适的人选。于是卡尔松去拜访他："我们怎样才能成为欧洲最准时的航空公司？你能不能替我找到答案？过几个星期来见我，看看我们能不能达到这个目标。"几个星期后，这个人如约来见卡尔松。卡尔松问他："怎么样？可不可以做到？"

他回答："可以，不过大概要花6个月的时间，还可能花掉你150万美元。"

没等他说完，卡尔松就打断了他："太好了，说下去。"因为按照他原来的估算，至少得花上比这个数目多出5倍的代价。

那人见卡尔松如此亢奋，反而吓了一跳，他赶紧说："等一下，我带了人来，准备向你汇报，我们可以告诉你到底我们想怎么干。"

哪知卡尔松听了却摆摆手说："没关系，不必汇报了，你们放手去做好了。"

几个月后，那人来请卡尔松去，并给他看几个月来的成绩报告。此时北欧航空公司已成为欧洲第一。但这还不是他请卡尔松来的唯一原因，更重要的是他还省下了150万美元经费中的50万美元。他负责的这项改革实际上总共只花了100万美元。

事后，卡尔松回忆说："如果我只是对他说，'好，现在交给你一件任务，我要你使我们公司成为欧洲最准时的航空公司，现在我给你200万元，你要这么这么做。'结果怎样，你们一定也可以预想到。他一定会在6个月以后回来对我说，'我们已经照你所说的做了，而且也有了一定进展，不过离目标还有一段距离，也许还需花90天左右才能做好，而且还要100万元经费等。'可是这一次这种拖拖拉拉的事却不曾发生。他要这个数目，我就照他要的给，他顺顺利利地就把工作做好了。"

可见，正是卡尔松的"无为"造就了"有为"。

"无为而治"和"有为而治"兼而有之的领导方法对人们来说，也并不生疏。它在实践中早被广泛地应用着，只不过有的被自觉应用，有的是被不自觉地应用了，有的被正确应用，有的被错误地应用罢了。

高层领导者的"有为"如果能够散发出牡丹的芳香，那么高层领导者的"无为"，则是为了让下属"有为"，以显示绿叶的清新。两者兼而有之，才能收到牡丹绿叶的效应。"有为"和"无为"兼而有之，才是最好的"为"。

聪明人的办事方法

【原典】

若能入游其樊而无感其名，入则鸣，不入则止；无门无毒，一宅而寓于不得已，则几矣。

——《庄子·人间世》

【释义】

如果能够进入到追名逐利的环境中遨游而不为名利地位所动，君主能采纳你的意见就说，不能采纳你的意见就不说。不去寻找仕途的门径，也不向世人提示索求的目标，心思凝聚全无杂念，把自己寄托于无奈何的境域，那么差不多合于"心斋"的要求了。

随着社会经济的飞速发展，越来越多的人成为职场中人，随之而来的是越来越多的职场问题需要面对。事情很多，有时也会让人措手不及，如何处理也是"难者难，易者易"，就看你怎么去做，怎么去处理了。聪明人就懂得"入则鸣，不入则止"。作为一名为生存、为事业而努力的职场中人，

46

不可能"入则将相，出则隐逸"，难堪不免都会遇到，应当学会游刃有余于职场中。

如果你遇到脾气暴躁的上司并被无端指责，你可以找个机会和他进行一次真诚而深入的沟通，把自己的想法坦诚地向上司说出来，让上司了

解你的工作态度和工作思路。同时，你也要从这次沟通交流中进一步了解上司对你的具体要求，以便在今后的工作中减少和避免类似冲突的发生。如果在这件事情中，上司并不是有意要去指责你，那么通过这次交流以及你今后的努力，你会和上司达成谅解的。当然，也有上司故意为难你的事情发生，在这种情况下，如果你觉得自己与这样的上司确实无法相处下去了，那么你尽可以另觅高枝，另寻他主。

有的上级不愿意用表扬来激励下属，而是喜欢挑剔和指责下属。采取这类方式的人有两种：一种是他的水平较高，认为你应该把一切事情都做得很好，你干得漂亮是应该的，但是做得不好便是无能了。因为他总是用自己的能力和水平去要求水平能力不同的下属，所以结果总是他不满意；另一种就是嫉妒心比较强，这类人从不承认别人有优点，没有尊

重他人劳动成果的习惯，更不懂表扬的艺术。他不会设身处地为下属考虑，也不肯亲自去实践，只是坐在上面动嘴皮子发表些议论，以为不挑出毛病，就不足以显示出自己的水平有多高，不足以证明自己的价值。

有的上级在对下属安排工作时，总喜欢叮嘱一下"别搞砸了呀""不要再出什么闪失了"，要不就冒出"我怀疑你的能力"等等话语，以为这样就能使下属在工作中加倍注意，更努力地做，最后的结果肯定也是最好的。然而事实却恰恰相反。一些下属听到这话就会想："既然这么怀疑我，你自己去做好了，干嘛要我干呢？"有的上级因为不信任下属而邀请其他部门的人来做本该由下属做的事，这种做法更让下属感到尴尬，甚至感到愤怒。如果你的上级也有这些"症状"，如果你刚参加工作不久，下面几种方法或许对你有所帮助。

第一，了解你的上司和你自己。首先了解上司是哪种类型的领导，然后再看看你自己，自己是不是就是上司满意的那类员工？如果不是，想想有没有改进的必要。如果有，迅速摸清上级的工作思路，好恶情况，不折不扣地按上级的要求去开展工作，以免费力不讨好，走弯路，白辛苦。

第二，如果你是部门主管人员，你的工作方式以及你的为人方式一定要与上司保持协调一致。举例来说，如果你的上司比较容易发脾气，那么，你协调的方式最好是保持沉默。

第三，当上司对你发脾气时，如果这个脾气发得对，你就必须承认错误并且作出承诺尽快去改正或提高，这个时候千万不能对错误进行辩护。如果他的脾气发得不当，那么你可以给他指出来，并且跟解释清楚事情的缘由，从侧面告诉他不应当对你发脾气。当你和他达成谅解后，你就会发现，你还可以为他提供一些解决问题的建议。

第四，明确上司的工作要求。这包括上司对你的工作目标和工作方式的要求。在这一方面，部门主管应尽力达到上司的要求，如果达不到，应及早向上司反映。

49

减少与上司的冲突，还必须注意一点，就是不能把情绪带到工作中去，这时即使你受到了天大的委屈，也不能把这些情绪带到工作中去。很多人遇到这样的情况时，都坚持认为自己是对的，而且认为事实胜于雄辩，最后上司会给自己一个"说法"的，为了表示自己的委屈，于是连正常的工作也中断了。由于很多工作都是靠大家的共同协作才能完成的，在这个环节一停顿，就会影响了整个工作的进度，拖了别人的后腿，很容易地就使其他同事对你产生不满，接下来，你会给更高一层的上司留下很坏的印象。这个时候，上司就更有理由说你的不是了。这时，我们必须告诫自己，克服自己的情绪化，无论怎样都不能影响自己手头的工作。以不做工作来胁迫上司，这是极端不理智的行为，只会让自己今后的处境更加不利。

与上司产生摩擦时难免会产生些情绪，这时很多人都想倾诉出来。如果失误在上司，同事对此自然是不好表态，没有人会想介入你与上司的争执，又怎么会有人来安慰你呢？假如这样的局面是你自己造成的，他们也不会忍心再说你的不是，往你的伤口上撒盐。但是，也有这样的人，听了你的诉说后，很快就把它添枝加叶地告到上司那儿，这样更加深了你与上司的裂痕。

所以，当你"得罪"了上司后，不要急于向人倾诉，不要希望得到人们的同情和理解，最好的办法是自己去理清问题的症结，找出最好的解决方式，使自己与上司的关系有所缓和。你可以利用一些轻松的场合表示对他的尊重。不妨在一些轻松的场合，比如在会餐或联谊活动开展时，上前向上司问个好、敬杯酒，这些做起来很自然得体，也没有拍马溜须之嫌，又能表示你对他的尊重，上司自会记在心里，从而淡化和排除对你的敌意。

还有就是找个合适的机会沟通。当你控制住了自己的情绪后，下一步就是要消除你与上司的隔阂，因为你还要与上司相处，接受他的领导，如果相互之间心存敌意，总会给你的工作和你今后的发展带来不利影响，所以最好自己主动地伸出橄榄枝。如果是你错了，你就要有认错的勇气，找出造成自己与上司发生冲突的原因，诚恳地向上司解释，表明自己今后会以此为鉴，并希望继续得到上司的关心。假如是上司的原因，你可以找个适当的时间和场合，婉转地把自己的

50

想法与他沟通，或以一时冲动或是方式还欠周到等原因，与上司达成和解。

　　只要你是上班族，就会时时处于人际职场里，难免会"得罪"上司，这可能是你自己造成的，也可能是对方引起的，但不管谁是谁非，无论从哪个角度来说都不是件好事，只要你还不想调离或辞职，就不可使事情陷入僵局，否则在这样的环境里工作你不仅不愉快，而且还可能会影响到你的前途。所以，你要理智地处理好这件事，为自己留下回旋的余地，让事情得到一个圆满的结果。每一个聪明的职场人都会选择这么做。

路到尽头拐个弯

【原典】

逐万物而不反，是穷响以声，形与影竞走也，悲夫！

——《庄子·杂篇·天下》

【释义】

（惠施）追逐万物而不能返璞归真，这是用声音来止住回响，用形体避去影子而加速跑离，真可悲呀！

庄子认为惠施之所以最后无所收获是因为只知追逐而不知归真。当事情不像自己所预料的那样去发展时，不要死死钻在牛角尖里，要换个角度，更为全面地对事情进行思考，这样也许能找到解决的办法。如果你遇到了阻力，静下心来转个弯，寻求解决的方法是最好的选择。

当你迟迟等不到结果的时候，不如换一种方法来做事，这也是人生的一种大智慧，千万不要像下面讲的那条鳄鱼一样，到死也不知道转个弯去寻求生路。

心理学家曾做过一个试验：将一条饥饿的鳄鱼和一些小

鱼放在一个箱子的两端，中间用一个透明的玻璃板隔开。刚开始，鳄鱼一看到小鱼，就马上向小鱼发动进攻，但是它失败了。但鳄鱼毫不气馁，它又向小鱼发动更猛烈的进攻，可是它还是失败了，而且由于剧烈的冲撞，它还受了伤。可是，鳄鱼还是坚持进攻，第三次，第四次……这样无数次进攻无望后，它选择了再也不进攻。就在这时候，心理学家将中间的那块隔板拿开，然而这时的鳄鱼仍然一动不动。它只是无望地看着那些小鱼在自己的眼皮底下悠闲地游来游去，而不去做任何努力。最后，鳄鱼被活活饿死了。

漂亮的马嘉鱼银肤燕尾大眼睛，平时生活在深海中，春夏之交时才会溯流产卵，随着海潮漂游到浅海。这时，也是渔人们捕捉马嘉鱼的最佳时机。渔人捕捉马嘉鱼的方法很简单：用一个孔目粗疏的竹帘，下端系上铁，放在水中，然后由两只小艇拖着去拦截马嘉鱼群。马嘉鱼的"个性"很强，只会跟着海潮走，不会寻找别的路线，即使闯入罗网之中它们也不会停止。所以，当遇到阻拦时，它们便一只只"前仆后继"地陷入竹帘孔中，帘孔随之紧缩。可是孔愈小，马嘉鱼便愈激怒，瞪起鱼眼，张开脊鳍，更加拼命往前冲，结果被牢牢卡死，动弹不得，最后被渔人轻松地捉住了。

蝴蝶也是这样。一只蝴蝶从敞开的

窗户飞进来，在房间里一圈又一圈地飞舞，惊惶失措地。显然，它迷路了。可是，它左冲右突努力了好多次，都没能飞出房子。这只蝴蝶之所以无法飞出去，原因就在于它总在房间顶部的空间寻找出路，总不肯往低处飞。只要它再飞低一点，就可以正对着敞开的窗户了。其实有好几次它都飞到离窗户顶部至多两三寸的位置了，可它就是不肯再飞低一点点！最终，这只不肯低飞的蝴蝶耗尽了气力，气息奄奄地落在桌子上。

这些都是很平常的故事，甚至司空见惯。但是，这些故事告诉我们的却往往是人生的大道理。生活中常常有这样的人：他们一边抱怨人生的路越走越窄，看不到成功的曙光；一边又因循守旧、不思改变，习惯用老方式，走老路，结果就在这条"绳子"上被系住了。

适时放弃，就是要我们懂得放弃，懂得什么时候应该理智地放弃，不要拘于一格，因为时机不会每次都一样的。死脑子一根筋，那样不仅于事无补，而且也会让自己的生活陷入一片焦头烂额中。

第三章

生命不能承受之重

常言道：「雁过留声，人过留名。」每个人都想给别人留下一个好印象、好名声。自古以来，也确实有不少人靠自己的言行举止赢得了流芳百世、英名长存。求名，重名，无可厚非，名正言顺。

淡泊心智宁静致远

【原典】

许由曰："子治天下，天下既已治也，而我犹代子，吾将为乎？名者，实之宾也，吾将为宾乎？"

——《庄子·逍遥游》

【释义】

许由说："你治理天下，天下已经获得了大治，而我却要去替代你，我是为了名声吗？'名'是'实'所派生出来的次要东西，我难道是去追求这次要的东西吗？"

人活在世上，也就处于一个名利场中，无论贫富贵贱，穷达逆顺，都免不了要和名利打交道。对待名利，每个人的态度都不尽相同：有的追名逐利，有的却淡泊名利。古往今来，专心致志做学问的专家们都是淡泊名利的佼佼者。他们对于个人的名利，常常是漠然处之，而把主要精力放在对理想、事业的追求上。

庄子认为，"名者，实之宾也"。在这里，"名"是实际行为成果的一个附属品。所谓主与宾，说的是功劳是主体，有功劳就有大名。一个人如果真有道德，接了奖赏，那名与实就是一致的；如果他没有道德而只有名声，那么他的名声就是虚名，假的。

淡泊是一种态度、一种修养、一种品质、一种德行，是一种极高的思想境界。属于我的，可以推却淡化；不属于我的，千金难动其心，这就是一种淡泊。

东晋的陶渊明因为淡泊名利，辞去官职回归故里，从此过着"采菊东篱下，悠然见南山"的田园生活。三国诸葛孔明也在《诫子书》中谆谆告诫子弟："静以修身，俭以养德。"可谓淡泊至极。

淡泊是一种从容，是对人生深刻感悟的一种超越。只有真正淡泊名利的人才能摆脱纷繁复杂的牵绊，从而达到从容淡定的境界。

57

居里夫人在获得第一次诺贝尔奖之后，毅然将原来的100多个荣誉称号全部辞掉，专心投入研究中，终于又荣获了第二次诺贝尔奖。一天，一位朋友到她家做客，居里夫人的小女儿手里拿着英国皇家学会刚刚颁发的那枚金质奖章，正把它当玩具耍弄。他见此情景大惊失色："居里夫人，现在能得到一枚英国皇家学会

的奖章是极高的荣誉，你怎么能给孩子玩呢？"居里夫人听了却不以为然地说："我是想让孩子从小就知道，荣誉就像玩具，只能玩玩而已，绝不能永远守着它，否则就将一事无成。"居里夫人对待荣誉的这种态度，成了人们学习的楷模。

学贯中西的钱钟书，著有《谈艺录》《管锥编》《围城》《宋诗选注》等名篇巨著，享有"博学鸿儒""文化昆仑"之美誉。新闻记者专程去采访他，却被拒之于门外。他把《写在人生边上》一书重印的稿费全部捐献给了中国社会科学院文学研究所；电视剧《围城》的稿费全捐给了国家；国外有许多地方要重金聘任他，也都被他婉言谢绝了。他对一位年轻人说："名利地位都不要去追逐，年轻人需要的是充实思想。"钱钟书惜时如金、甘于寂寞、淡泊自守、不求闻达，视名利如浮云，表现了一个知识分子高尚的精神品格。

常言道："雁过留声，人过留名。"每个人都想给别人留下一个好印象、好名声。自古以来，也确实有不少人靠自己的言行举止赢得了流芳百世，英名长存。求名，重名，无可厚非，名正言顺。孔子就很重视"名"，他说："名不正则言不顺。"名义不正当，道理也就讲不通，说话就更没有分量了。但是现实生活中却有不少人把自己的"名"弄歪了，追名逐利，不择手段。这是因为他们过分贪婪了。

鲁迅先生是一位脚踏实地、品德高尚而淡泊名利的人。在厦门时，他曾给朋友写了一封信，说："我对于名声，地位，什么都不要。"一天，鲁迅接到一位北京朋友的来信，说有位瑞典学者准备通过刘半农等人提名鲁迅为诺贝尔文学奖候选人。鲁迅却婉言谢绝了，他谦虚地说："还是照旧的没有名誉而穷之为好罢。"1936年春，《作家》编辑部要在刊物目录上方印一排世界著名文学家的头像，征求鲁迅先生的意见，还要把他的头像印在上面，然而鲁迅也谢绝了。

一个人想得到好的名声，就要像鲁迅那样真正做到实至名归。有道是"善不由外来兮，名不可以虚作"，如果一个人津津乐道于追求虚名，无疑是在饮鸩止渴，对个人的成长、事业的发展都会留下隐患，这就应了那句俗语"图虚名，得实祸"。

大千世界，万种诱惑，什么都想要，会累死人，该放就放，才会轻松快乐一生。古人云："宠辱不惊，闲看庭前花开花落；去留无意，漫随天外云卷云舒。"然而，在竞争日益激烈，诱惑日趋纷繁的社会里，固守节操、淡泊名利也不是件容易的事，只有树立了远大理想和人生追求、乐于奉献的人，才有可能经受得住各种诱惑，始终不渝地坚守自己的道德准则和理想信念，不重名利，不计得失，以淡泊的情怀书写出高尚的人生。

59

卸重负自由飞翔

【原典】

若夫乘天地之正，而御六气之辩，以游无穷者，彼且恶乎待哉！故曰：至人无己，神人无功，圣人无名。

——《庄子·逍遥游》

【释义】

如果按照自然的本性行事，乘着六气的变化，进入无穷的境界，还有什么可依赖的呢！所以说：至人无我，神人不建功立业，圣人不追求名声。

在庄子看来，只有无所依无所靠，才能够拥有真正的自由。麻雀、斑鸠和蝉都谈不上自由，就是大鹏鸟也还没达到这种境界。因为它们都依然是有所依赖，都还处在一个相对的境界中，在这样的境界中，就一定会受到相对条件的限制。

要做到无所依赖，就要按照本性行事，乘着六气的变化，进入无穷的境界。只有在无穷的境界中才能无所依赖而不受约束，这时自由也就出现了。做到了这一点，那就是至人、神人、圣人了。

"无己""无功""无名"就是进入无穷境界的要诀：

"无己"，即去掉主观的自我，恢复自然的本性。只有无我，才能够随心所欲、随物变化，一旦有我，就会执著。一旦执著，"我"就从世界中孤立了出来，站到了世界的对立面，从而就受"我"的对立

面的约束，也就不自由了。人们之间之所以会发生冲突，都是因为有自我意识，有了"我""己"，就会去追求自我的利益和名声，从而就会引来事端和烦恼。无我，是摆脱人生困苦的根本途径。

"无功"，即不要去强求建功立业。因为要建功立业，就要和人争斗。争斗的结果只有两种，要么被人伤害，要么伤害别人，而这两种结果都是很残酷的。被人伤后或遭受许多痛苦，或不能终其天年；而伤害别人的人，日子也不会怎么好过。这样的人虽然看起来强大，但树大招风，他会时时受到暂时还不强大的对立一方的威胁。胜利者正因强大而成为众矢之的，因此他只好生活在不安和恐惧之中。而一个不立命于建立功业的人却可以逍遥于这争斗之外，过一种自得

其乐的安宁的生活。建功立业的实质无非是追逐名利，而追逐名利必致伤身。

"无名"，就是不追求名声。庄子举了很多以名伤身的例子：关龙逢因尽忠进谏而被夏桀所杀，比干也因此而被商纣王挖心。他们都是因名导致杀身之祸的例子，即为"忠臣"这个名称所累。既然国君已经昏庸得无法理喻了，忠谏又有什么意义？不能使昏君转变过来，也不能改变国家社稷的命运，反而白白搭上自己的性命。商朝末年至死不吃周粟的伯夷和叔齐，也同样是为名所累。周朝的粮食与商朝的粮食又有什么不一样？商朝的可以吃，周朝的就不能吃？不就是换了一个名称吗？事实上，作为一个普通百姓来说，做谁的臣民在大多数情况下是无关紧要的，他从始至终都是被统治的对象。对于臣民而言，改朝换代，其实也不过只是换了一个名称，对他们的实际生活来说，并没有什么意义。

"无己""无功"和"无名"实际上让我们看清了阻碍实现自由的坚石——自我、功利和名誉。以自我为中心就会掉进狭隘和自私的深渊，从此失去辨别真伪的能力；以功利的眼光去看世界，就会泯灭人性，丧失道德情感，甚至成为别人谋求利益的牺牲品；过分追求名誉，甚至把名誉看得比生命还重要，无疑是画地为牢，最终只能使自己举步维艰。

"己""功""名"对于一个人的独立与自由已经造成了妨碍，对人生也是有害的。一个人如果达到了"无己、无功、无名"的境界，也就进入独立与自由的状态了。

而这目前也只有"游乎穷者"才能达到。因为我们只要还处在有限的境域之中，就难免会去比较大小多少，难免有

62

你我之分，于是就去追求大和多，追求自我的利益。这样就会永远被那些更大、更多的利益所牵制，自由也就谈不上了。人们总是喜欢争来斗去，根本原因就在于处于相对的处境中，有了大小、你我之分。

逍遥虽然只是庄子提出的一种理想状态，但它却给我们一个提示——当我们陷于失败之中不能自拔，或者为某件事情感到迷惑不解时，不妨把它们推向极端，当混沌被思想之炉加热到沸腾，它自然就会变得清澈而直白。

当我们从无穷的角度来看问题的时候，情况就会截然不同：无穷是超乎一切大小和你我之分的，它是一种绝对的、终极的境界。以这种终极的眼光去看这个世界，很自然地，这个时候就不会有大小、你我之分了。我们日常所追求的功名利禄都变得毫无意义了。实际上，我们所得到的一切归根结底都要归还给无穷。人们发生争斗的根本原因和人们所牵挂的无非是功名利禄，当我们决定放弃它们的时候，也就从斗争中解放了出来，也就可以无所牵挂了。无所牵挂在某种意义上也就是自由。而活在这个世上的人，又有哪些人会毫无牵挂？因此，这也就只有"游无穷者"才能够做到了。

不要被超重的生活所累

【原典】

故九万里，则风斯在下矣，而后乃今培风；背负青天而莫之夭阏者，而后乃今将图南。

——《庄子·逍遥游》

【释义】

所以，鹏高飞九万里，那风就在它的下面，然后才乘着风力，背负青天而无阻碍地飞往南海。

生活中的我们时刻都在取与舍中选择。我们总是渴望着"取"，渴望着占有，而常常忽略"舍"，忽略了有些东西放弃了也许会更好。一个人，一旦懂得放弃的真意，也就理解了"失之东隅，收之桑榆"的真谛。懂得了放弃的真意，静观万物，就能体会到和世界一样博大的境界，自然就会懂得应适时地有所放弃，正是我们获得内心平衡，获得快乐的好方法。

庄子在《逍遥游》中提到大鹏有高飞九万里的能力，它开始飞的时候凭借的是风力，而后凭着自己的胆识独立翱翔一直飞到南海，终于找到了属于自己的全新世界。

在现实生活中，面对来自各方的压力，我们应该学会从容面对一切，借鉴以往的成功经验，使自己面对无尽的生活压力时依然能游刃有余。玛丽·海伦最初就因无法决策和协调工作而苦恼不已。

"太多了，"玛丽·海伦一进门就说，"实在是太多了，我根本没办法同时兼顾所有的事情。"泪水不停地从她脸上滑落下来。玛丽·海伦今年 38 岁，是一位聪明优秀的女性，拥有成功的事业和幸福的家庭，但现在的她却无计可施。在咨询室里的她看上去焦躁不安，仿佛有巨大的精神压力。她自诉经常失眠，而且精神涣散、脾气暴躁。她对自己的所作所为感到很生气，在他人面前承认自己的失败更让她感到沮丧不已。其实她不是不知道自己的问题所在，只是脑筋一时转不过来罢了。她一进门就说的那句"太多了"就说明了一切。在接下来进行的检查中，医生确定她没有潜在性的精神异常现象，也没有失去平衡能力的精神衰弱症状以及到了中年时期突发的遗传性功能障碍，更没有无法挽救的婚姻危机。超重负的生活是她惟一的问题。现代社会里超重负荷造成的压力，如同其他潜伏在今日生活中的危机一样，正逐步地吞噬着我们。它不仅具有极大的破坏力，重者甚至威胁我们的生命。

现实生活中的确有不少人像玛丽·海伦一样，因为追求高效率和高品质的生活而苦恼不已。因为排得满满的时间表而被迫放弃自己真正想做的事，因为有太多要做和该做的事而无法为自己保留一点点空闲时间，那些令人感到欢乐满足的娱乐生活正在离自己越来越远……

面对如此多的超重负问题，我们应该学会放松心态，的确，在后现代社会生存，超重负的生活正是事业成功者最大的挑战。这些人的生活充满太多亟待解决的问题，可用的时间和精力没有变，需要他们去考虑和处理的事情却很多。生活里的事物随着时间的推移在不停地增加。新的一年里，总是会有更多将要扮演的角色，更多要完成的事，更多需要去的地方和更多想要或必须达到的目标。但一天却依旧只有24个小时，一年也依旧遵循着12个月的周期，事物越来越多，完成这些事物所需的时间和精力要求也越来越多，这不由得不让人感到心力交瘁。

由此，我们还可以看出玛丽·海伦的问题所在——"生活里要应付的实在太多，我根本无能为力。"——她在这里犯了两个错：第一，她认为情况并非十分严重；第二，她感觉不到摆在眼前的是个全新的挑战。她觉得这只不过是一种厌倦压力的反弹情绪，相信自己有能力去解决。这种态度正是有超重负问题的病人的关键特征——认为问题会自然消失，仿佛它们从未存在过。事实上我们根本无能为力。人们之所以不能及早发现自己生活超重负的问题，是因为很多人都习惯于把问题的本质遮掩起来，错认这是不重要的小事。很多人都和玛丽·海伦持有同样的心态，告诉自己"问题并不严重"，它看起来就像是因为忙碌而反复出现的老问题，会找到自己适用的解决办法的。基于此，人们忽略了超重负问题存在的严重性和破坏力。

超重负问题其实由来已久。我们在孩童及青少年时代所学到的一些应对生活负担的方法，早已无法应对现代社会的挑战。超重负问题到今天已经成为一种全新的挑战。就像由大量性质相同的小麻烦堆积成的问题，早已不再只是很多的小麻烦，而是已经变成了截然不同的新问题。这和石头堆积成山岭的演化过程相类似。一堆岩石随时间推移逐渐形成一座山岭，从此它们不再只是岩石。石头是在什么时候变成山岭的呢？很难确定处于最高处的那块石头，是否就是构成山岭的那最后一块，其中由量变到质变的关键时刻，我们是很难察觉得到的。生活的超重负问题也是这样，它也是经过了一段漫长的岁月，一点一点累积才形成的。对大部分人来说，超重的生活压力累积成山的那一刻，早成了历史，无法去考究。那些原来如小石头一般简单的问题，现在却已经堆成难以跨越的高高的山峰。你若想征服它，就必须有一套与过去截然不同的策略。跨越一堆岩石的方法和征服一座山岭的策略是不能相提并论的。面对超重负生活也是如此。这就像你要跨过一堆石头，只要拥有一双坚固的鞋子就可以轻易地通过，但你要征服高耸的山峰，就必须有骁勇的斗志、完善的

67

装备和特殊的技巧训练才行。就像那只展翅高飞的大鹏，只有拥有非凡的能力才能顺利飞往南海。

玛丽·海伦看不出摆在眼前的不再是以前那堆纠结不清的麻烦事，它们已蜕变成了新的问题。事实上，她面临的是一座极具挑战性的陌生的山峰，而不再是她曾经很轻易地就跨越过多次的小石堆。这也是玛丽·海伦现在必须正视的问题。人们一直用清理石堆的老方法来解决生活超重负的新问题，从这一点来说，玛丽·海伦的困窘同样也发生在其他人身上。我们不断地加快生活的节奏，让自己处于超负荷的压力之下，然而，过度的疲劳却使我们再也无力去解决眼前更严酷的问题和挑战。我们必须试着放弃生活所带来的种种压力，轻松上阵，用新的方式开始新生活。

别让名利遮住双眼

【原典】

名者，实之宾也。

——《庄子·逍遥游》

【释义】

名是实的影子，是次要的。

有道是人到无求品自高。无论是工作和生活中，名利这东西时刻都在向我们招手，关键是要抵抗住诱惑，不被名利遮住双眼，要淡泊名利，选准前行的道路，防止偏离正确的人生轨道。

庄子是一位追求自由的人，对楚威王的赏识丝毫不为所动，宁可做一条自由自在的鱼，也不愿去沽名钓誉。

古语云："雁过留声，人过留名"。自古以来有抱负的人都把求名、求官、求利作为终生奋斗的三大目标，谁也不想默默无闻地过一辈子。三者能有其一，对一般人来说已是终生无憾了，如果能尽遂人愿，那就是幸运之至了。然而，从辨证法的角度来看，有进必有退，有取必有舍，就是说有一得必有一失，任何获取都要付出代价。问题在于付出值不值得。如果是为了公益事业，为了民族和国家的利益，为了家庭的和睦，为了自我人格的完善，付出多少都值。

从现实角度来说，求名也并非坏事。一个人有名誉欲就有了进取的动力，而有名誉感的人也有羞耻感，不会轻易毁掉自己的名声。但是，凡事都讲究个"度"，如果求名太切，就会容易生邪念，走歪门。古今中外，对已有的名气不满足，于是产生邪念，为求虚名而不择手段，最终身败名裂的事例比比皆是。

唐朝诗人宋之问有一个外甥叫刘希夷，很有才华，是个年轻有为的诗人。一日，刘希夷写了一首诗，名叫《代白头吟》，拿到宋之问面前请教。当读到"古人无复洛阳东，今人还对落花风。年年岁岁花相似，岁岁年年人不同"时，宋之问不禁连连叫好，忙问这首诗是否给他人看过，刘希夷告诉他刚刚写完，还没给别人看过。宋之问就说："你这诗中'年年岁岁花相似，岁岁年年人不同'两句，着实令人喜爱，

如果他人不曾看过，就把它给我吧。"不料希夷一口拒绝了："这两句是我诗中之眼，如果把它去掉，全诗无味，万万不可。"为

此，宋之问一夜难眠，翻来覆去只念这两句诗。念着念着，他不禁想，这首诗一面世，必将是千古绝唱，名扬天下，一定要想办法弄到手。于是心生歹意，命手下人将刘希夷活活害死。后来，宋之问获罪，先被流放到钦州，又被皇上勒令自杀，天下文人听说这件事，无不拍手称快！刘禹锡说："宋之问该死，这是老天对他的报应。"宋之问在自己的领域中是很有建树的，如果不是被名利迷住心窍，就不会走这条路了。

有人为了名利不惜败坏名节，可面对从天而降的名利，也有人毫不动心的。我国著名京剧演员关肃霜有一天在报纸上看到一篇题为"关肃霜等9名演员义务赡养失子老人"的报道，同时她收到了报社寄来的中共湖北省委顾问李尔重写的"赞关肃霜等九同志义行之歌"的诗稿校样。这让她心里很是不安。原来，京剧演员于春海去世后，他的母亲和继父从此没了依靠，生活也没了着落。剧团的团支部书记何美珍倡议大家捐款义务赡养老人，就这样持续了23年，共捐款6000多元，关肃霜也是后来才参加的，但报道却把她说成了倡导者。关肃霜马上委托组织给报社复信，请求公开说明事实。事后，李尔重也尊重关肃霜的意见，将诗题改成了"赞云南省京剧院施沛、何美珍等26位同志"。

名至实归才能让人心安理得，如果把不属于自己的东西强加到自己身上，难免有被揭穿的那一天，对待突如其来的名利，一定要让自己能够心安理得的接受。第二次世界大战期间，美军与日军在硫磺岛展开激战，美军最后把胜利的旗帜插在岛上的主峰。心情激动的陆战队员在欢呼声中把那面

71

胜利的旗帜撕成碎片分给大家，作为终生的纪念。这是一个非常有意义的场面。闻讯赶来的记者为了拍下这一幕，就找来6名战士重演了这一幕。其中有一名叫海斯的战士，他在战斗中表现得很一般，但就是因为这张照片，他成了英雄，荣誉纷至沓来。他的形象开始印在邮票、香皂上，家乡人也为他塑了雕像。此时他的心情极为矛盾：一方面陶醉在赞扬声中，一方面又怕真相被揭露。同时，由于名不副实，他总是处在内疚和自惭中。终于，在一天夜里，他穿好军装，悄悄地离开了这个处处赞扬他的人世。

还是东坡先生说得好："苟非吾之所有，虽一毫而莫取。"对于那些有正义感，有良知的人，面对不该属于他的美名，虽然也可以接受，却未必做得到坦然。得到的是美名，却也是一座沉重的大山，一条捆缚自己的锁链，早晚会被压垮。

名利犹如孪生兄弟，彼此相依，谁也离不开谁。现实中也有人重名不重利，自认为散淡之人，人称清廉之士。有人重利不重名，讲究实惠，认为名誉好听不好吃，无用。有人追名逐利，却什么也舍不得放下，总想着能名利双收就好了。这三种人三种人生观、名利观，谁更可取不言而喻。人生无利则无以生存，无以养身，不能养身也就无法立业。所以不能简单地把求利之人都看作是小人，这要看为谁谋利和以怎样的手段谋利，获利后又怎样对待和利用所获取的利。

钱财对于每一个人来说都很重要，但世界上还有比钱更重要的东西，那就是人的品格、德行。从古到今，有钱人很多，但能让人们记住的很少，而对那些虽然贫穷却德高望重的圣贤，人们却是如数家珍。正如臧克家在诗中所说的："有的人死了，他还活着；有的人活着，他已经死了。"虽死犹生的人，不是因为他拥有金钱，而是因为他富有高尚的道德精神。所以在利和义之间，君子的做法往往是舍利取义。

南宋文学家洪迈的《容斋随笔》中有这样一个故事：有一个叫曾叔卿的人，一年春天，因为家中穷得揭不开锅，就向亲友借了些钱，买回一些坛子之类的陶器，想运到福建去卖，以便赚几个钱买米度日。正要走时，有人捎信给他，说福建正遭水灾，正是民不聊生之时。于是他想，把陶器拉到那边肯定没有人买，还要搭上路费等费用，于是他把陶器放在家中，没有运到福建。一天，一个商人路过，买下了他所有的陶器，钱货两清后，曾叔卿听说商人买陶器是为了运到福建去卖，就赶紧说："福建遭了水灾，谁还买陶器，你把陶器退给我吧。"买主先是一惊，继而被他的高尚行为所感动，推让了好一会儿，才收下钱走了。他的妻子看到好不容易到手的钱没了，便抱怨说："是人家登门来买，又已钱货两清，为什么要自请退货？如今家里正等着钱买米下锅，难道你不知道吗？"曾叔卿却笑着劝妻子说："做人贵在品节，损人利己的事切不可做。咱们宁可忍饥挨饿，也万不能唯利是图，把不好的事情推给别人。孟子说的'贫贱不能移'正是这个道理。贤妻不是常说要效法汉代贤女乐羊子妻劝夫上进吗？"妻子听了，不禁面带几分愧色。

曾叔卿知道放弃这些利益就意味着一家人都要忍饥挨饿，可是他为了不让别人蒙受损失，宁可忍饥挨饿也把这些将要到手的钱退回去。曾叔卿这么做，为的是心安，他这样才是真正的舍利取义。

　　在美国纽约自然博物馆里，陈列着一块数百公斤重的大石头，看上去很普通，可是仔细一看，就会发现这块石头有一个缺口，顺着缺口看进去，会发现里面是一块闪光耀眼的紫水晶。关于这块石头，有一个动人的故事。这块石头本来是扔在一个美国人院内的一块废石，因为主人觉得它有碍观瞻，便请人来把它移走。然而在把它搬到车上时，一不小心，这块石头掉到了地上，摔出一个缺口，露出了里面包着的紫水晶，这是价值连城的宝物。然而，当主人知道真相后，却很平静的说："这块石头，我本来就是要丢掉的。现在虽然发现它是宝物，想必是上帝的旨意，我一言既出，绝不反悔。我决定不占为己有，而将它送给博物馆，让更多的人来欣赏。"

　　故事虽简单却说明了一个道理：面对即将获得的利益，放弃也是一种收获，这个人也因此得到了好的名声。宝物贵重，终究是可以用金钱买到的，而形象一旦受损，万金难赎。这是大义所在。也只有这样，一个人才能活得坦然而自在。

74

第四章

内省自胜的终极肯定

佛语云：「时时勤拂拭，勿使惹尘埃。」说的无非是让我们勤于自省，多加改正自身的不足，才能有长足的进步。老子曾说过的：「用其光，复归其明，无遗身殃，是为习常。」与此观点不谋而合，发人深省。

认清自我价值

【原典】

今子有五石之瓠，何不虑以为大樽而浮乎江湖？

——《庄子·逍遥游》

【释义】

现在你有五石容量的葫芦，为什么就不想到把它作为腰舟而浮游于江湖之上？

在事业上攀爬前进的路程中，有人成功了，也有人失败了，造就他们成功和失败的因素很多，关键的一点在于他们是否认清自我价值。只有认清了自己的价值所在，才能将自己的特长发挥得淋漓尽致，才能在自己的领域里大展拳脚，走向成功。入行是人生中的一件大事，是一个新的起点，一不小心选择错了就会浪费，数十年的光阴，最后不得不选择另一个行业重新开始。很多人选择的时候只看到这行如何如何好，却没有考虑到这行是否有属于自己的位置，是否适合自己一直在这行中发展下去。

　　惠施认为葫芦太大了不适合做成水瓢，于是便把它给打碎了。庄子则认为太大的葫芦虽然不适合做成水瓢，但它可以用来做成腰舟（古代的渡河工具，类似现代的救生圈，用法是系在腰上），这样也算是找到了葫芦的价值所在，并且丝毫不亚于做成水瓢。

　　有两位好朋友，他们都很喜欢美术，所以他们报读了同一个学校的设计专业，等到毕业之时，房地产行业出现了前所未有的鼎盛时期，于是他们其中的一个选择进入房地产公司担任文员，刚进公司便领取高额薪水，可是他对房地产一点兴趣都没有，纯粹为了钱而选择这个行业，结果

工作了三年还在这行中碌碌无为，工资也没有得到增加。另一个毕业之后在一家小型广告公司做设计师助理，每天只是帮设计师处理一些简单的图片，工资连他朋友的一半都不到，结果三年之后，他已经被拥有 4A 称号的大型广告公司挖过去担当设计总监了，工资也比他的朋友高出一倍不止，最重要的是他还被同行称为最年轻、最有潜力的设计师。

　　这个故事正印证了一句话："有了爱好才能做得精巧。"唯有热衷自己工作的人才会做好自己工作岗位的事情，才会全心全意投入到工作中，对行业发展有益的想法才会犹如地下的泉水一般源源不断地往上冒，这些都是帮助自己在自己所处的行业中取得进步与成功的必备条件。相反的，如果一个人整天机械般地按时上班报道，马虎完成领导布置的任务，心里存着："不求出人头地，只求三餐温饱，保着这份工作就行"的想法，这样将永远不可能向成功前进一步。

　　美国国会议员艾尔默·汤玛士，在他小的时候家境并不好，因为衣服破烂不堪，穿上身又不合身而感到尴尬，他说："我在 15 岁的时候，长得比同龄的孩子高出不少，而且瘦得像支竹竿一样。我本应该为自己的身高而骄傲，可是身高却成了我的笑柄，他们笑我除了身材比别人高之外，在棒球和赛跑等各个体育项目上都不如别人。从那时候起，我变得不喜欢见到任何人，也不喜欢被任何人见到。"

　　"我以为我会一辈子都被这个挥甩不掉的阴影笼罩着，永远也翻不了身，烦恼和恐惧占据着我的内心与脑海，每天

24小时，什么事情都不想，随时都在为自己的高瘦感到自卑。现在回想起来那些日子，真的非常可怕。幸运的是我的母亲观察到了这一切，她从我的内心了解我的感受，她告诉我："亲爱的孩子，作为你的母亲，我有必要提醒你，你有时间为自己的身体情况而伤悲倒不如让自己为自己的智慧而感到骄傲，接受教育是我对你的建议'。"

于是他听从父母的教导，进入大学，事情没有变得顺利起来，因为没有经济来源的关系，他甚至连一套合身的衣服都没有，这使得他更加自卑。但在他已经对往后的人生失望时发生了一件事，再次给他带来了勇气、希望，让他认清了自己的价值所在，认识了自己的特长，摸清了前进的道路。以往的自卑感一扫而清，改变了他对人生的态度。

在他入学的第8周，他收到一份通知，通知里说，他通过一项考试取得了一份三级证书，凭着这份证书，他可以到乡下的公立学校教授课程。虽然这份证书的有效时间只有短短的半年，但这是他第一次向别人证明他的才干，也得到了别人的肯定。后来一个乡下的学校以一天2美元或者月薪40美元的条件聘请他到学校教书，再一次增加了他对自己的信心。对自己的衣着很不满意的他，在领到第一个月的薪水时便到服装店里订购了一件完全符合他身型的衣服。这时候就算有人拿整个服装店的衣服跟他订购的那件衣服互相交换，他也一定不会答应。

如果说这是他成功的第一个起点的话，那接下来要说的就是他的转折点了，他生命中的转折点是参加了某个集会上的演讲比赛。比赛的结果是他取得了冠军，事后他说："结果完全出乎我的意料，太神奇了！我竟然得了冠军！就连一些以前取笑我的同学们都过来对我说：'我们早就知道你一定会是冠军！'我得感谢我的母亲，不是她对我的期望坚定了我参加比赛的信念，别说冠军，甚至今天我都不会出现在这里。"在他的回忆录中写到："那次演说得奖的确是我人生的一个转折点，当地的一家报纸还以头版新闻刊登了我的故事，并且外界都一致表示看好我的未来。赢得了演说使我得到了大家的肯定，也使我对自己的肯定更深一步，以前的质疑，在我的世界中已经消失了，让我认识到自己拥有在这方面的才能。"

后来，艾尔默·汤玛士通过努力，在政治的道路上慢慢前进，最后成为美国国会议员。

在体育上他失败了，在政治上他成功了。是他认清了自己的身体条件不如别人，自己在演讲方面上高人一等，这才避免了为争一口气而无目的地改变先天身体条件，浪费了自己的口才天赋。

每一个人都有其存在的价值意义，关键是自己想做什么，想在什么方面取得成就。一个人在事业上的成败，绝对和自己是否适合这行有着直接的联系。只有明白做什么合适自己，才能选择一条正确的道路，并以此为前进的方向去努力、奋斗，达到自己的人生目标。

反省自己的过错

【原典】

自状其过以不当亡者众，不状其过以不当存者寡。

——《庄子·德充符》

【释义】

自己辩解自己的过错，认为自己不应当受到断足之刑的人太多了；不辩解自己的过错，认为自己应当受到断足之刑的人就很少了。

庄子认为世上不愿意承认自己过错，将过错的理由推脱在他人身上的人实在太多了；勇于承认自己过错，深刻反省并加以改正的人却少之又少。

的确，为自己的过错找借口或是推脱到他人身上的习惯似乎是人从小养成的不良习惯，小的时候为自己没有能按时交作业，上学迟到找了无数种借口，在班级的成绩排名中退步时将理由推脱在他人身上，责怪他人有作弊的嫌疑等，当这些坏习惯随着他们年年月月成长，在工作之后，又会为自己的工作失职找借口或是推脱在他人身上。在学校中，老师作为教育工作者，会耐心教育你，给你机会改正，可是工作之后，单位就没有教育你的责任了，很可能因为一次习惯性的狡辩丢了一份工作。

由此可见对自己的错误得过且过和推卸责任都是不可行的，这种一错再错的行为只会让我们不断犯错，让我们毫无进步，让我们内心愧疚一生。

"人谁无过，过而能改，善莫大焉。"玉石难免会有瑕疵，人难免会有错误，谁都有自己的缺点，重要的是自己能够认识到自己的缺点和错误，这样才不会犯下更大的错误。就连著名的科学家、物理学家爱因斯坦都承认自己的错误占90%，那么平凡的我们又会有多少错误呢？或许更多！虽然错误是无法避免的，但我们绝不应该对自己的错误轻易原谅，应该时刻反省，深刻反省，这样我们在下次做事情时就会想到不要再犯类似的错误了，错误再次到来的可能性也就大大降低了。

著名作家李奥·巴斯卡力，一生中创作了大量关于爱与人际关系方面的书籍，他的作品影响了数代人的思想品质。他在自传中称自己之所以能有如此的殊勋异绩，完全归功于小时候父亲对他的教育。每次晚饭过后，父亲就会微笑着问李奥·巴斯卡力："新知识一定又眷顾我的宝贝了，儿子，告诉爸爸你学到了些什么？"李奥·巴斯卡力就会把今天在学校学到的知识告诉父亲。如果今天学校没有教授新的知识，他就会到书房中拿出百科全书从中学习其中一部分，然后将书中学习到的东西告诉父亲。十年如一日，这个良好的习惯他一直坚持着，每天晚上睡觉前都会拿当年父亲的那句话来问自己，若是今天没有学到什么新知识，他便会为此而失眠，不得不起床学习一些新的知识才能安然入睡。每天都学习新的知识使得他的见识更加广阔，每天都在人生的道路上前进。如果当天学校没有教授新的知识，父亲问他学到了些什么的时候，他回答说："今天学校没有传授新知识。"那么，他还是李奥·巴斯卡力，但绝对不是一位极有影响力的作家，自然也就没人会记得这个名字。幸运的是他没有对自己的要求放宽松，对父亲的教育没有得过且过，敷衍了事，而是想办法去弥补今天没有学习到的新知识，经过日积月累终于成就了他伟大的一生。

18 世纪法国有位伟大的思想家、文学家名叫卢梭，他一生被大家尊敬，人们除了赞颂他的成就之外还赞颂他敢于承认错误的勇气。他在年轻时曾经将自己盗窃他人财物的罪行嫁祸给一个女仆，导致这位毫不知情的女仆就这么莫名其妙地做了他的替罪羔羊，女仆被主人解雇后，还被大家怀疑，结果花了一年的时间才有愿意聘请她的新主人。后来卢梭在他的作品——《忏悔录》中，对自己当年的所作所为进行了刻骨铭心的批评和检讨，书里写："每当我闭上眼睛想休息入睡的时候，脑海中就会浮现被我嫁祸的那个女孩子在不停地谴责我的罪行，讽刺我的品行，只要一天不说出真相，这个罪行就好像每天都在重复，重复着我的过错，为此我深感内疚。"我们为他敢于承认自己的"大错特错"而感到敬佩，为那些不敢承认错误的人感到羞耻。天主教的教堂里面都有一个忏悔室，为的就是让人们知道只要勇于承认错误，就一定会得到大家的原谅；相反的，不承认错误的人永远不会得到大家的原谅。

孟子说："吾日三省吾身。"时时刻刻监督自己的言行举止并不是一件太难的事情，只需要在做任何事情之前多想想如何避免自己犯错。倘若真的犯错了也不要紧，认识到自己何处犯错，反省犯错的原因也是一件好事，因为无论你找到了如何完美的借口，或是如何将责任推脱得一干二净，都只能欺骗别人的眼睛和想法，自己却心知肚明。

懂得自我反省的人，一定是非常了解自己的人。他们会时刻思考：我的优点是什么？我的缺点是什么？我能做些什么？我做的这些哪些错了……他们从这些思考中了解到自己该做什么，不该做什么，从而避免再犯错误。知道寻找错误根源的方法便是他成功的有利条件。

"人之初，性本善"，人在出生时是带着无比纯真善良的品性来到这个世上的，这些都是无法用金钱或是其他利益

换取的无价之宝。可是随着日来月往，我们纯洁的内心开始被肉眼看不到的细小灰尘慢慢覆盖蒙蔽，颜色变得灰暗。我们不能妄想将净化内心的任务推到日后再去进行，要想维持纯真善良的品性，纯洁的内心就必须每天抽出哪怕一丁点的时间去"冲洗"我们的心灵，对自己的一言一行进行检查，这样才能让自己的心灵更美好，更真诚。

一切是自己所造

【原典】

死生存亡，穷达贫富，贤与不肖，毁誉，饥渴寒暑，是事之变，命之行也。日夜相代乎前，而知不能规乎其始者也。

——《庄子·德充符》

【释义】

死、生、存、亡，穷、达、贫、富，贤能与不肖、诋毁与称誉，饥、渴、寒、暑，这些都是事物的变化，都是天命的运行。这些事物日夜更替于我们的面前，而人的智慧却不能窥见它们的起始。

胜利者气焰嚣张，咄咄逼人；失败者或是不满足者怨天尤人，怏怏不乐。如果你不去争，不去抢，也不埋怨，更不会去说一些损人利己的流言，只是清闲地过着自己的小日子，或许别人会笑你胸无大志，碌碌无为，一辈子毫无出息，正因为这样，你才能换取一个平静的生活，不会被世人视为障碍，非铲除不可，也不会被各式各样争名夺利的行为带来的结果而烦恼。这些"没出息"的好处大概只有经历过为明争暗斗白了头、脱了发，甚至是丢了性命的人才能明白。

庄子认为，只要我们还活在世上，还在人生的道路上行走，那么我们就会随时随地碰上生老病死、驷马高车、穷困潦倒这些现象。当它们到来的那一刻，我们甚至还未明白是怎么回事，试问我们又如何能做到提前预测呢？我们不能预测它们的到来也不能阻止它们的到来，于是我们只能做到心平气和地去接受它们的到来，不去消极抵抗，而是乐观面对，那样就可以将痛苦减轻到最低，甚至没有。

人生最大的苦恼，不是自己拥有的太少，而是自己需求的太多。不满越多，怨恨越多；贪念越大，烦恼越多；欲望越强，痛苦越多，很多时候人都在"犯贱"地折磨自己，非要得到自己想要的，自己想要的却又出奇的多。凡事适可而止，才能找对人生的方向，开心乐观的向前。

有几个人在湖边垂钓。只见其中一名垂钓者的鱼竿往后用力一扬，一条足有一尺多长的大鱼随着鱼线跃出湖面，落在垂钓者面前。众人前来观看并为他钓到了一条大鱼表示庆祝，可是他却不慌不忙地将鱼嘴内的钓钩取出，然后轻轻一甩，刚上钩的鱼"扑通"一声钻入湖水，一溜烟不见了。

众人看得很不明白，暗地里称赞此人钓鱼技术十分了得，并且雄心壮志，一尺多长的大鱼都不能给他带来成就感了。

没过多久，垂钓者又是一扬，这次上钩的鱼比上次的更大更长，根据目测至少接近两尺，可是他还是随手将鱼扔回湖里，摇了摇头，换上新的鱼饵继续等待鱼儿上钩。

鱼竿第三次晃动起来，这次鱼竿的弯度大不如前两次，可见这次钓到的鱼肯定不如前两条鱼大，众人都想他肯定会把这条鱼给放回湖中，不料垂钓者将鱼钩解下以后，没有把鱼放回湖中，而是小心翼翼地放进了自己的鱼篓中，生怕这条只有几寸的小鱼跳出自己的手掌心。

众人为眼前的一幕感到惊奇不已，决定一问究竟。垂钓者回答说："如果我家里的盘子有两尺长的话，我会选择第一条鱼或是第二条鱼，可惜的是我家里最大的盘子也不过有一尺长，太大的鱼，钓了回去，盘子也装不下。"这就是他宁可要一条合适自己的"小鱼"也不愿意要一条会给自己带来烦恼的"大鱼"的原因。这个理由显得有些"荒谬"，但这正是心平气和对待事物的一种表现。

战争过后，有一位农夫和一位商人在街上寻找财物。他们发现了一大堆还未被烧毁的木材，于是两个人各自分了一半扛在自己的背上。

回去的路上，他们又发现一些完好的高等丝绸，农夫将木材卸下，选了一些丝绸双手环抱继续前进；商人将农夫所丢下的木材加在本已被压得直不起来的腰上，还将剩下的丝

绸提上。一路上农夫走得轻松愉快，商人却像乌龟一样慢慢地挪动，商人想再忍忍，回到家就好了。

又走了不远，

他们又发现一批做工精细的银质餐具，农夫马上将丝绸丢在一旁，挑了一部分餐具捧在手里；贪得无厌的商人也想拿上一些餐具，可是背上的木材和手上的丝绸已经让他无法再拿餐具了。

就在准备到家的时候，天突然下起大雨，农夫因为手里只有部分餐具，三步作二步地跑回到家里。他变卖了银质餐具，生活变得稍微宽裕了，一家人过得其乐融融的，很有滋味。商人呢？因为木材和丝绸湿了水变得更重，已经背了一天的他无法支撑下去，只好把木材和丝绸放在路上，等待雨停才能背回那已经近在眼前的家里，雨停了之后，商人再来看他的木材和丝绸时，发现木材已经被雨水给泡坏了，丝绸也被雨水冲洗得和一块粗制布料没什么区别。

托尔斯泰说："欲望越小，人生就越幸福。"

如果你对什么都感到不满足，那么即使给你一个世界，你也会觉得不够，还想要一个宇宙，无穷大下去。若真给你一个世界又如何？你还是每天只吃三餐饭，每天只有 24 个小时，这和任何一个人没什么区别，相反你会整天提心吊胆，害怕别人抢走了你的世界，平凡人却能吃得更安心，睡得更安稳。

世界之大，万万千千的物质诱惑，如果什么都要，只会累了自己，所以做人应该豁达一点，才能笑口常开每一天。有句话说："笑一笑，十年少。"人到老时才去后悔当初没有做到这一点是多么可悲的事情啊！

不被别人所左右

【原典】

世俗之所谓然而然之，所谓善而善之，则不谓之道谀之人也。

——《庄子·天地》

90

【释义】

世俗上所认为是的就认为是，所认为对的就认为对，却不称他们为谄谀的人。

社会当中反对的意见太多了，无论你做任何事情，事情发生的过程，导致任何结果，都会传来反对的骂声，使得你开始怀疑自己的做法是不是出了什么问题，是不是真的做错了，怀疑自己本身。生活就是这样，你得为"生活"这两个字付出些什么，比如承受能力，当你听到无数反对的声音时是能坚持自己的主见，还是立刻倒戈相向随着声音的方向"违背"自己的内心。自己决定了的事情就应该坚定不移地坚持下去，不要被他人的意见所动摇，偏离当初的出发点与航线，这是极大多数成功人士的成功法则。如果你属于后者，是见风使舵的"高手"，别人说什么，你就做什么，自己的主观意识完全不存在，只会强化别人的意见，这是那剩下的极少数"成功人士"的"成功法则"。

庄子认为世上有一万个人就有一万种想法，他们的想法也就不一定和你相符合，自然会对你的所作所为做出一些负面的批评，重要的是他们对你的批评未必是正确的。每个人都应该有自己的想法，认定正确的事情，我们要坚持下去，认定正确的路，我们要径直向前，不要因为别人认为你的不正确，不可能就内心惶惶，动摇不定。只有坚持自己的想法，才能找到一个拥有不被他人的话语所影响的观点意识的真正自己。

有一个名叫可里的年轻人，对世界各种重大问题都有着自己独特的看法，如克隆婴儿、节约能源、国家经济发展、中国历史等等。或许是因为太过年轻的关系，每当他提出自己的观点时总受到别人的嘲笑、讽刺、不屑，他为此感到十分沮丧。一次又一次的失落之后，他不再坚持自己的观点，为了别人赞同他的每一句话，每一件事，他变得顺从于别人的意思。在一次和长辈的谈话中。当时他们聊到了关于无痛致死法，可里开始坚决赞成中国也实行这么一条法律，而当他察觉长辈的眉头紧锁，神情不再喜悦时，便立刻改变了自己的观点："不过一个人的生命是谁都无权去夺取的，包括他本人自己。"可里说完再看看长辈，注意到长辈紧锁的眉头稍微舒展，还很欣慰地拍拍可里的背，模糊呢喃道："好样的。"可里才松了一口气。

　　可里改变观点的出发点并不是为了长辈的身体健康，而是在他潜意识中慢慢形成了顺着他人的意思去改变自己观点的习惯，他这样做只是想每一个人觉得他的观点是对的。

　　要想得到别人的赞许并不一定要顺从他人的意思，那样做的话，换来的赞许也是"别人的"，并不属于我们自己的，他们赞许的是他们自己的想法。我们得到了这样的赞许又如何？事情已经变得不再实事求是了，也失去了寻找真理的意义。

一位秘书接到领导颁发下来的任务，要他帮忙审阅一份报告写得如何。秘书看过后向领导汇报，说："报告写得挺好的。"领导摇了摇头。秘书赶紧说："不过有一些小问题。"领导又摇摇头。秘书说："问题不算大，没有影响整体效果。"领导又摇摇头。秘书说："这些问题算起来不多，但都挺严重的，需要好好修改。"领导还是摇摇头。秘书说："如果要我给这份报告打分的话，我给 50 分。"这时领导松了松领带说："新买的领带太紧了，真不舒服。"

这样的事情在我们的工作中常常发生。如果你给人一种非要夸奖赞同你的感觉，别人就会觉得你在工作上无能，只会人云亦云，长久下去也就没有人再对于你坦诚相对。没有了摩擦就不会产生新的火花，这样对一个人的进步是没有好处的。

世界首位女性打击乐独奏家伊芙琳·格兰妮出生在苏格兰的一个小农场，她 8 岁开始学习钢琴。随着她长大的不只是年龄，还有她对音乐的热情，但不幸的是，她的听力却在逐渐地下降，医生对她说，以现在的医学水平无法医治她的病情，也就是说她每过一天就会再接近耳聋一些，耳朵是音乐家的生命，伊芙琳·格兰妮的音乐之路随时会因为她的耳朵变聋而结束。

后来，伊芙琳·格兰妮说："从出生的那天开始，我的生命就注定因为音乐而精彩，无论别人怎么认为都不能阻挡我成为一名音乐家的热情。"

她在演奏的时候只穿着长袜，她说："我要用我身体的每一处感官来感受音乐世界的一切，我能感觉到每一个音符给我身体带来的颤动。"

她向伦敦著名的皇家音乐学院提交了入学申请书，她在所有审核官都不知道她的病情的情况下，用她精湛的演奏征服了所有的老师，成为该校的第一个聋学生，并在毕业的时候取得了皇家音乐学院的最高荣誉奖。

94

至今，她已经获得独奏家的称号有十几年了。要不是她坚持自己的决定，没有听从医生的诊断而放弃对音乐的追求，那么世界首位女性打击乐独奏家的名字绝不会是她了，她也就不能向世人演绎出一首又一首动听又美妙的乐曲，不能向世人展现一个奇迹降临在她身上！

一个圆球和一个方型物体放在容器中，用一根筷子无论如何都无法将圆形球取出容器，可是只要找到方型物体的中心点，就可以毫不费力的将方型物体取出容器。我们被别人的意见磨合变成圆形时，我们便成了一个集合无数人观点的万花筒，不再是一个真正的自己了。

当批评如海水般向我们扑过来的时候，我们应该勇敢面对，努力冲破浪花，在属于自己的道路上前进，而不是被浪花一冲即倒，离自己的目标越行越远。

第五章

君子之交淡如水

人的交际圈里不可能没有朋友，朋友是与自己共同编织生活的一部分，所以这些是非常来之不易的，我们要珍惜这份友谊，而这些必须要用淡水来浇灌，海水太咸，只会让这朵陪伴我们一生的花朵凋谢。

朋友间不提过度的要求

【原典】

无迁令，无劝成。过度益也。

——《庄子·人间世》

【释义】

不要随意改变已经下达的命令，不要勉强他人成功，过度的要求是不行的。

人与人之间就好像一面镜子，你对他人胸无城府，他人也会对你以诚相待；你对他人射影含沙，他人也会对你插圈弄套。"己所不欲，勿施于人"，一个很简单的道理，自己不想被他人万般刁难，也请不要对他人百般挑刺。做人做事苛刻是对的，但苛刻过了一个限度就成为刻薄了，所以我们在要求他人的时候必须自己拿捏一个尺度，以免原本打算做的事情没有能做到，大家却闹个不欢而散。

庄子认为，人对自己的种种过错，种种失败存在着仁慈的心态，觉得那是可以原谅的，但对他人的要求却高如泰山，非要他人达到自己认为合适的位置，这种行为是不可取的，不要勉强他人的成功，过度的要求反而会给对方带来压力，弄巧成拙。

从前，非洲某个国家的白种人认为他们才有资格自称是人，黑种人充其量只能称为"奴隶""低等人种"。有人提议"禁止黑人进入白人的专用公共场所"这条"新法律"，这条"新法律"在议会当天获得了全场议员的赞同票。

有一天，一位就职多年的女议员正在度假，体验着白人的特权——在沙滩上晒阳光浴，由于平日工作操劳的关系，她很快睡着了。当她睁开眼睛的时候，太阳早已下山了。

一天没有进食的她，肚子饿得"咕噜咕噜"直叫，便找了一家在沙滩附近的餐馆，打算解决了温饱问题再回家。

她选了一张最靠近厨房的位置，也是最显眼的位置，她一定是饿极了。坐了约 15 分钟，她看见侍者们都在忙着招待比她来得还迟的客人，对她则不闻不问。顿时直眉怒目，起身甩门就走。

当她走到门口时，忽然发现大门的玻璃镜子上映出一个和她样貌一模一样的女子，只是皮肤的颜色是她最不屑的黑色！这时她才明白餐馆中为什么会没有一名侍者招待她。

原来，以白色皮肤而自豪的她已经被太阳晒黑了。

这位女议员回去后向当地白人政府提议撤销当初那条"新法律"的"无理要求"。

到今天世界上还是存在着种族歧视的现象，而那些自以为是的"高等人"终有一天会自食其果，体会到被他人认作"低等人"的滋味。在体会到"恶果"之后才去纠正自己的

98

错误，我们在对待他人的时候，应该从他人的角度出发，将自己内心站在对方的位置去试想，如果是他这样对待我，我会有怎么样的想法，我会不会感到难过，我会不会为此生气。

张三在深夜中赶路，因为路太黑，又过于狭窄，张三被过往的行人碰了好几下。心里颇不高兴。

他继续赶路，看见有个人提着灯笼向他走来，依靠微弱的火光，张三看到此人手里挂着一根盲人杖，心想这人真是奇怪，明明是个瞎子，为什么还要提着灯笼呢？分明是多此一举！

张三走到那人面前时叫停了瞎子，礼貌地问："先生，您真的是盲人吗？"

那人说："是的，我的眼睛天生无法看到任何东西，所以我至今还无法体会到阳光带来的耀眼，彩虹带来的绚丽，黄昏带来的醉人。"

张三心中的疑团就更大了，再问："先生既然看不到光线，又为何提着灯笼呢？是为了不想让他人知道您是盲人吗？"

盲人急忙说："不是的，人们到了晚上，都会变成和我一样，我提着灯笼是为了大家都看得清楚眼前的事物。"

张三感叹道："先生真是好心肠啊，原来是为了他人在夜晚中行走避免碰撞。"

盲人笑笑说："其实我只是为我自己。想必你在这条路上已经被其他人碰到好几次了，但是我在深夜从未被人碰到过。因为灯笼的存在除了为别人照亮道路，也让别人看到了路，这样他们就

不会因为看不见而碰到我了。"

　　光线可以照亮他人，更能照亮自己。我们在帮助他人的同时，很可能就是在给自己更大的帮助。无论是你对他伸出援助之手，还是对他落井下石，这些人都会对你留下深刻的印象，区别在于一个可能会报答你，一个可能会报复你！

　　我们种下"真诚待人"就会收获"被人真诚相待"。不要过分计较自己的个人得失，设身处地多为别人着想，我们的每一天才会过得真实。记住，镜子前的是笑容，镜子后的也一定会是笑容。

100

宽待他人就是善待自己

【原典】

蓄人者，人必反蓄之。若殆为人蓄夫。

——《庄子·人间世》

【释义】

害人的人一定会被别人所害，你恐怕会被别人所害呀！

庄子认为做人不可有害人之心，这样才不会害怕被他人所害，否则每天都将处于绷紧神经、提心吊胆、畏首畏尾之中。

人与人之间的关系能和睦相处是因为之间存在着一样极其重要的东西，那就是宽容。宽容是一种给予，不是索取。我们必须先学会宽容他人，这样日后我们犯错的时候才能得到他人的宽容。

作为一名统帅，威信是非常重要的，建立威信并不一定要通过权力做一些"杀鸡吓猴"的事情，以德服人建立起的威信更能提高军队的战斗力和向心力。被法国人民视为骄傲的近代史上著名军事家和政治家拿破仑正是把这一点和军事上的战术互相结合，才让自己的部队成为横扫欧洲的一支劲旅。

在与意大利的一次战斗中，士兵们都已经累得筋疲力尽了。拿破仑晚间巡岗查哨。在巡岗过程中，他发现一名站岗士兵倚着大树睡着了，他走过去拿起士兵的枪替这名士兵站起了岗，大约过了1个小时，瞌睡的士兵从梦中醒来，他发现站在他身边的正是军队统帅拿破仑，立即下跪认错，心里责怪自己不应该打瞌睡。

拿破仑一脸平和地对他说："让我深感自豪的勇士，你们为部队付出了一切，从法国来到意大利，这一段漫长的路

程给你们带来的疲劳我能体会到，你打瞌睡是可以理解和宽容的，但是以现在的情况，敌人一定正在等待我们松懈的时机发动攻击。正好我不困，就顶替你一会儿，拿好你的枪，下次一定要小心。"

瞌睡的士兵没有被唤醒，更没有惩罚，不是因为拿破仑的部队没有纪律，是拿破仑有着一颗无比宽大的内心。不以统帅的架子训斥责怪士兵，而是以宽容的心去原谅士兵的错误，试问跟随这样深明大义的统帅，士兵们又怎么会不勇往直前呢？

古代有一位大将军接到皇帝挥军远征北方的命令。一天，他带领军队在坎坷不平的山路上前进，走着走着，发现有个布袋似的东西拴在他的脚上，影响着他的步伐，使他很不自在，他恼火地恨恨踩了那东西一脚，谁知道"布袋"不但没有被踩破，反而正在慢慢地"长大"，像一个钟鼎大小，这下大将军是无法前进了。"布袋"的如此"叫嚣"让大将军大为恼火，拔起手中的宝剑对准"布袋"一刺！接下来的现象变得更加不可思议，"布袋"竟然一瞬间"长"成了一座大山，唯一的道路被完全封死了。

军队不得不停下来歇息一段时间，等待大将军的指令，可是大将军要是有办法就不会把"布袋"越弄越大了。正在大将军头痛的时候，山下走来一位圣人，对他说："这个'布袋'是神仙遗落在凡间的一件宝贝，叫做仇恨袋，你若不犯它，它便小如尘埃，你若侵犯它，它便大如泰山，阻挡你的去路，与你抵抗到底。只有停下你现在对它所做的一切粗暴行为，不再仇恨它，忘记它，那么它自然会消失离去。"

103

其实在每个人的生活中都有一个仇恨袋，你若犯人，人必犯你。人生在世，相处之间难免会产生冲突、摩擦。如果凡事都咄咄逼人，怀恨在心，仇恨袋便会在心中悄悄生根发芽，怨念成了滋润它成长的沃土，一颗狭窄的内心很快就会被它填满，阻挡了自己的成功之路，远离了各界的真情感。我们应该为自己的内心装载宽容，当我们的内心满是宽容的时候，试问仇恨袋又如何有存在的位置呢？更不会害怕它膨胀到如何地步了。

法国 19 世纪的文学大师雨果说："世界上最宽阔的是海洋，比海洋宽阔的是天空，比天空更宽阔的是人的胸怀。"

日常生活中，宽容他人的同时也是在善待自己的一种表现，一个人的抱怨越少，烦恼也就越少。

"铁哥们"的淡友谊

【原典】

以礼饮酒者，始乎治，卒无乱，泰至则多奇乐。

——《庄子·逍遥游》

【释义】

以礼节饮酒的人，开始时规规矩矩，合乎人情，到后来一片混乱，相互欺诈了。

现在的每个人都有一群"好哥们""好姐妹"，无论是自己认为的还是他人认为的，反正都称之为"好哥们""好姐妹"，这些"好哥们""好姐妹"来得太过容易，可能是仅仅吃过顿饭，可能是仅仅打过一声招呼。

随着社会的发展，竞争的加大，人性的阴暗面越来越早出现，越来越明显，哪怕赤裸裸地暴露在他人面前，他们也会称"人不为己，天诛地灭"，以致你无言以对。朋友的定义也随着社会在不断地变化，唯一没有变的，可能只剩下"朋友""兄弟""姐妹"这几个称呼而已。所以我们在听到他人这样称呼我们的时候必须要有一份冷静，不能失去该有的

平衡。

　　庄子认为，人与人的交往在最初的时候互相尊敬，稍微熟悉以后就会大大咧咧，甚至设计利用，所以交往时，彼此之间保持着一定的距离是一件好事。

　　人的交际圈里不可能没有朋友，朋友是与自己共同编织生活的一部分，所以这些是非常来之不易的，我们要珍惜这份友谊，这些都必须用淡水来浇灌，海水太咸，只会让这朵陪伴我们一生的花朵凋谢。

　　"铁哥们"就像恋人，与恋人相处的时间是美好且短暂的，两人的距离似近非近，常常思念着对方，过一段时间见上一面就已经心满意足了，有一种"雾里看花，水中望月"的朦胧美。老婆就不一样了，成天在你身边唠唠叨叨，两人分隔两地也会打电话说个没完没了，你不得不"逼迫"自己付出更多的耐心去"应付"她，接受她比恋爱期还要"甜蜜"的好意。而与"铁哥们"共事无疑是把恋人变成老婆的愚昧行为，那么你的耐心对待一定会变成牢骚满腹，最后很可能连同事都做不成。

古人言："君子之交淡如水"。假如两个人在互相交往之前就算计着如何利用对方换取利益，没有真诚作为前提，他们是很难在友谊这条路上并肩行走下去的。没有了利益矛盾，才能无所顾忌地谈天说地，讲笑诉哭，他们可能一个星期才见上一面，一年才见上一面，甚至更久，但彼此心中都牵挂着对方，时刻记着自己有那么一个"铁哥们"，更多的时间里是各忙各的。

"铁哥们"的定义到这里就合适了。再延伸一些就容易产生矛盾。比如赚钱，凡事都要有一个带领人，那么两人之间就存在着一个谁领导谁的问题，"铁哥们"往往是不分彼此的，"有难同当，有福同享"是"铁哥们"最基本的"道义"，真要分清楚谁做"大"谁做"小"，两人都会不高兴。哪怕真有一方妥协了，愿意做"小"，可是谁能担保日子久了他心里不会产生隔阂，平时大家平起平坐惯了，到了工作中，对方总比自己有分量，有权威，自己的想法思路憋在心里，不满便会膨胀爆破。拿与朋友之间的友谊作为事业成功的"赌注"之一，难免太过冒险，朋友与朋友的相处方式并非可以像工作上的事情那样处理得完美无缺。如果你还珍惜这份友情，请你在与朋友共事之前考虑清楚了再做决定。

作为领导人的你，要做好"铁哥们"在工作上造成的各种后果。桃园三结义，刘关张祭告天地，焚香结拜，结为异姓兄弟，不求同年同月同日生，只愿同年同月同日死。至今人们还一直传诵着这个故事，但共事带来的后果是什么呢？

107

华容道一役中，关羽念在曹操对他往日关照的情谊上，放曹操回到江陵。以军纪而论，关羽定是被斩无疑了，但军师诸葛亮看在刘备的面子上，连责怪都没有一句。相反，一代枭雄曹操，生性多疑，手下将领军士无数，却没有一个完全得到他的信任，也没有一个算得上是他的朋友。最后改变三国鼎立局势，一统全国的竟然是他建立的魏国。

朋友多了路平坦，这句话有一定的道理。哥们是人海中的一根浮木，他们会在你高兴的时候和失落的时候陪伴在你身边，所以不能轻易放弃，但浮木永远只能存放在身边，若是想骑在浮木上面，很可能翻船落水。哥们之间的关系也是一样的道理。

切忌拿利益来计算友谊

【原典】

常宽容于物，不削于人，可谓至极。

——《庄子·天下》

【释义】

应该经常保持着对待万物宽容为怀的态度，对待别人具有不加害的品格，这可是达到最高境界了。

"治生不为求富、读书不为做官、修德不为求极、为父不为传世"，一个人要是能抱着这样不求回报，与世无争的想法过日子，那么他的生活一定很安逸，很幸福。

庄子认为，做人要有一颗无比宽容的心，容得下他人的错误，要有一颗不侵害他人利益的心，容得下他人的成就，对待朋友更应该保持这样的心态，这样彼此之间的友谊能维持得长久。

朋友之间是不求任何回报的，不要被利益的诱惑蒙蔽了眼睛，不要把利用朋友感情的邪恶念头插入两人抱诚守真的情谊之间。"滴水之恩应当涌泉相报"是君子的待人方式，但我们千万不能因为这句话，而误会我们为别人所做的每一件事都必须要得到相应的回报。"因果报应"，"有因必有果"其中里面的"果"未必是我们所想象的"果"。

古时候有位因经营有道而家喻户晓的商人，他在集市中相中了一匹日行千里的骏马，不惜以重金买下。之后，商人无论处理大小事务，出行远近都必乘此马。有一天在他去远方与合作伙伴洽谈重要的生意的路上，骏马因为长时奔波劳累，一直没有得到休息，不小心绊到了脚，弄伤了筋骨，已经不能再放纵奔驰了。商人只能以比一匹跛马走得还慢的速度走到目的地，那时与他约定好的伙伴早已和其他人谈拢了生意。

商人认为自己花了那么多的银两才买下这匹骏马，如果不能常常使用，便是一种浪费，骏马为了回报他就必须为他敢于忘身。可是他没有想到，正因为他这样"自私"的想法，使得骏马无时无刻都在为他的出行而待命，没有得到过真正的休息，最后才会导致商人自己赶不上一笔非常重要的生意。我们做每件事之前都计算着自己会得到多少回报，那么只会使得自己在获取回报时没有察觉或者抱怨和自己想象中的不一样。

古话说："送人银钱，随人用情之厚薄，一言之轻重，父不能以代子谋，兄不能以代弟谋，譬如饮水，冷暖自知而已。"意思是：送给他人的钱财，就随便他人的喜欢用多少吧，不要再去对别人的使用评三论四。这就像说话的轻重一样，身为父亲不能取代儿子去决定，身为哥哥也不能取代弟

110

弟去拿捏。又好像喝水一样，杯子里的水是冷是热，只有自己试探过才能下定论，别人告诉你的，未必是你想的。

相信只要投入了感情，就一定会得到回报，是没有错的，但如果太过固执计较得到的回报的时间与多少，反而使本来帮助他人这么一件非常有意义的事情，变成了"利益交易"。

不计算回报是做人的原则，做人有做人的一套，做经济有做经济的一套，这套原则用在经济运作上就不可行。经济上的投资需要计算回报是对自己负责，对整个企业负责，对社会负责，否则就是在浪费人力、财力。做人与做经济两者不能混用一套，做人不求经济利益的回报是正人君子，做经济不讲做人的原则是卑鄙小人。

人的一生中有很多朋友，但如果你非要将朋友和利益牵扯在一起，那么你的朋友一定离你越来越远。

111

不可透支的朋友资源

【原典】

不苟于人，不忮于众。

——《庄子·天下》

【释义】

对他人不苛求，对众情不违逆。

美国国家科学院的国际学者日前发表报告称，人类正在过量地消耗着地球资源，需要在地球上设置一个"缓冲区"，以减少资源消耗，并保护其他生物和生态环境。人类认识到了透支地球资源的重要性了，却忽略了人与人之间也存在着"透支"一说，朋友就是一笔宝贵的资源。地球资源和朋友资源都是有限的，性质是一样，如果超额透支，不幸的只会是自己。

庄子认为，对他人不能有太多的要求与索取，人与人之间的交往有一定的限度，无论是多么亲密的关系，对方总会因为你的要求太多而弄得不愉快。

"天有不测风云，人有旦夕祸福"，每个人都会有需要他人帮助的时候，这时朋友就会像消防员一样，在你遇到困难的时候出现，帮助你，但救急不救穷，"救穷"便是在透支朋友这份"资源"。

我们都明白，需要他人帮忙的时候总会遇到的，可是会有哪个人愿意帮助你一辈子呢？哪个人又愿意依靠他人过一辈子呢？如果事事都求助他人，只会养成依赖他人的不良习惯，终究无法成为气候。朋友不是你的老师，有问必答；朋友不是你的父母，无偿对你抚养，朋友不是你的影子，随时随地跟着你；朋友只是在你困难的时候，尽他所能，伸手拉你一把。所以自己能做得到的事情还是靠自己完成。

朋友之间最容易透支的便是金钱，能与朋友之间没有任何金钱借欠关系的人实在是少之又少。这里有一则真实的故事：

宋俊和青书两人是从小玩到大的"铁哥们"。如今宋俊已经是一家民营企业的老板，身家千万，青书则在一所县城中学当老师。两人的生活环境相差悬殊，但这并不影响他们继续做好朋友，每个月中都会有一天，宋俊到青书家里做客，或是青书到宋俊家拜访。

青书的老婆因为车祸失去了行动能力，平时只能在家做些手工活换取少许工钱，再加上青书1个月400多元的工资勉强地维持着儿子的学费以及全家的生活费，1个月下来，已经没有剩余的钱作为积蓄了。青书没有向已经飞黄腾达的宋俊借过钱，或者要求过什么，因为他知道这个月可以问宋俊借钱，日子过得稍微宽裕，下个月也可以问宋俊借钱，可是往后的日子怎么办？难道每个月都开口借钱才能过日子吗？而且他明白自己的经济条件也不会有太大的改变，问他人借钱只会让对方的钱石沉大海。

不幸的事情发生在了青书的家庭中，儿子被检查出胆囊炎，需要动手术才不会留下后遗症，手术费要 4 万元。4 千元都难拿得出来的青书又去哪里找得到 4 万元呢。这时候，青书已经没有第二个选择了，只好向宋俊借钱，青书是唯一一个能一下拿出 4 万元而又不会影响到自己生活的朋友。

宋俊当然毫不犹豫借了 4 万元给青书，并且对青书叮嘱道："要是不够，一定要向我开口。"因为这 4 万元，青书的儿子顺利进行了手术，而青书也没有再问宋俊借钱。至今青书还在努力工作，每个月尽量余剩一点钱，存够 4 万元，还给宋俊，哪怕从头到尾，宋俊都没有再提过这 4 万元钱。

从宋俊的角度分析：宋俊明明知道以青书的经济情况，三五十年内是很难将这笔钱还清他的，但他还是毫不犹豫地把钱借给了青书。因为他认为青书是他的好朋友，并且认为青书也把他当作好朋友。如果青书平时每个月都问宋俊借钱过日子，那么宋俊可能会认为青书根本不把自己当作是朋友，而是当作"救穷"的"提款机"，这样当青书真的需要"救急"的时候，宋俊可能就会犹豫了，最后耽搁手术的话，还是得青书自己承担后果。

从青书的角度分析：如果青书每个月零零星星地问宋俊借钱当作生活费用掉了，这些钱对宋俊来说当然算不了什么，可他们两人之间的朋友关系就变得不再平衡了，一个成了施授者，一个成了受助者。日子久了，难免会产生嫉妒和自卑

114

的心理，当年两人同穿一条裤子长大，凭什么今天的你能大鱼大肉，我却只有依靠你每个月借给我的钱才能稍微宽裕些许。本应对宋俊的感激之情变成了心怀恶意。

青书也没有因为宋俊跟他说的一句"要是不够，一定要向我开口"而认为自己得到了一张没有填写数目的"支票"，贪得无厌地要求更多。

事事要求朋友帮助，只会在自己不知不觉中将你们好不容易建立起来的友谊，一点点地花费，最后透支，粉碎。

朋友之间不能透支，用于提醒自己不要凡事都麻烦朋友帮助你，同时也用于提醒自己在帮助朋友的时候，应该是给他一根拐杖，让他自己重新站立起来，而不是一直扶着他前进。

友情不要太亲近

【原典】

会与仁而不恃，薄于义而不积。

——《庄子·在宥》

116

【释义】

符合仁义的要求但不依靠，靠拢了道义但不积不留。

每个人身上都有一根根肉眼所看不到的尖刺，当他人想触碰、侵犯时，便会竖起"武器"通过伤害他人达到保护自己的目的。所以我们在与朋友交往的时候也时刻注意保持一定的距离，避免伤害朋友，或是被朋友所伤害。

庄子认为，人与人可以相亲相爱，但请不要互相依赖，彼此之间留一段距离才能将这份得来不易的情感维持。

两个人成为朋友都必须经历一个互相吸引的过程，他们会因为有着共同的话题、爱好，一下子成为好朋友，甚至感觉"一见如故，相见恨晚"。同性朋友与异性朋友都一样，无论再如何吸引，两个人总会存在着差异，因为彼此来自不同的环境，受到不同的教育，各自有着自己的观点、见解，只是这些差异需要时间去发现。差异出现的时候便代表两人的"蜜月期"结束了，无法避免的发生冲突，双方彼此使用"武器"刺伤对方。从客气礼待到粗言滥骂这个过程中，可能只需要一年，几个月，或

117

者是更短。我们何必要和自己的朋友"短兵相见"呢？只要我们在和朋友交往的时候保持着一定的距离，彼此都会认为对方是自己难得的知己，难得的挚友，这份友谊将会陪伴着我们一生。

有的朋友能做到什么都不计较，无论你的言语是多么讽刺，无论你的行为是多么的粗鲁，他都会宽容你的一切。可是也有的人很可能悄悄记恨在心，等待可以向你报复的机会，让你尝到苦头。与朋友太过接近就会说话口无遮拦，随心所欲，结果得罪了朋友也不知道。怎么样才能保持"合适"的距离呢？可以简单的理解为，不要太过亲密，一天到晚如胶似漆地粘在一起。保持"合适"的距离，就会让我们产生"礼节"，我们注意自己的行为举止，会做到尊重对方，避免和

对方发生碰撞。太过亲密的朋友往往做不到这一点。

　　"逢人只说三分话"，在朋友之间，不要一味相信你们的友谊是牢不可破的。如果对方是一个小心眼，别有用心的人，友情随时可能会遭到粉碎。因此，你必须学会谨慎对待朋友，多设几道防线，这样才不会被朋友伤害，或是在自己不知情的情况下，伤害了你亲爱的朋友。

118

第六章

有容乃大真智者

所谓「水至清则无鱼」，并不是说可以随波逐流，不讲原则，而是指对于那些无关大局、枝枝蔓蔓的小事，不应过于认真，对于那些事关重大、原则性的是非问题，也万万不可随意套用原则。

小事糊涂，大事聪明

【原典】

彼圣人者，天下之利器也，非所以明天下也。

——《庄子·外篇·胠箧》

120

【释义】

那些圣人之道，就是治理天下的利器，是不可以拿来显示于天下的。

心存远大理想的人，一般来说对细枝末节的小事总是不屑一顾的，他们只着眼大方向，为全局负责，敢做中流砥柱。他们内涵丰富、底蕴深厚，能以平常心、平静心对待人生。在纷繁变幻的世界中，他们不显山不露水，却能一眼就看透事物，看破人性，知人间风云变幻、处事轻重缓急有当，体现出一种"难得糊涂"的智慧。

庄子认为国君用来治理天下的"杀手锏"，也不能随便的就让别人知道，这样才能统治好天下人。从这个角度来说，聪明人往往只把自己的小缺点暴露出来，同时巧妙地把自己的真实能力掩藏起来，让人觉得高深莫测，捉摸不透。

我们常听到的"水至清则无鱼"，指的是如果要成大事，那么对一些小事就不能太"认真"，该糊涂时就糊涂，只要不是原则问题，睁一只眼闭一只眼也不是什么大不了的事。不这样就很有可能会沦于琐碎，和一般人也就没什么差别，更别说要成什么大事、立什么大业了。所谓的"水至清则无鱼"，在这里的"清"并不是一般的清，而是"至清"。"至清"，那就是要一点杂质也没有的，显而易见，这可谓是异想天开。然而在现实生活中，更多的人往往表现在大事上糊涂，对于小事他们反而不糊涂，而且尤其注意小事，甚至斤斤计较，哪怕是芥蒂之疾，蝇屎之污，也要用显微镜去观察，用放大尺去丈量。正因为有着这样的习惯，在他们的眼里，一切都被"放大"了，社会总是一团漆黑，人与人之间也只剩下尔虞我诈。普天之下，可以相交倾诉的，也就只有"我自己"了，这是一种病态。

吕端是宋太宗时的宰相。他是学士出身，可谓满腹经书。吕端虽说是经历了五代末期的天下战乱，人情艰难也历练不少，但他依然是满身读书人的呆气，看上去这个宰相实在够糊涂的了。有人说吕端糊涂，可宋太宗赵光义却认为吕端小事糊涂，大事不糊涂，决意任命他为宰相。后来赵光义病重，宣政使王继恩害怕太子继位做了皇帝以后会对他们这一派不利，就跟参知政事李昌龄、都指挥使李继熏等人串通，密谋废太子立楚王为太子。吕端恰好到宫中看望赵光义，这时的太宗已快不行了。这时，吕端突然发现太子没有陪侍在旁边，就怀疑事情有变，其中很可能有鬼，就写了"大渐"两个字，让心腹手下立刻拿着飞速去催太子尽快到赵光义这里来。这个"渐"字就是告诉太子皇帝已经病危了，赶紧入宫侍候。赵光义死后，皇后就让王继恩宣召吕端进宫，商议立谁为皇帝的问题。吕端听后就知道事情不妙了，于是他使计让王继恩到书房去拿太宗临终前赐给他的亲笔遗诏，王继恩不知是计，便听命进了书房，哪知一进书房就被吕端锁在房中。然后，吕端以最快速度到了宫中。

皇后说："皇上去世，长子继位才合情理，现在该怎么办？"话里的意思很明白，她是想立长子赵元蘋为皇帝。吕端一听，立即反驳道："先帝既立太子，就是不想让元蘋继承王位，现在先帝刚刚驾崩，我们怎么就可以立即更改圣命呢？"听了吕端的话，皇后无话可说，只好认了。

可是，吕端还是不放心，他要眼见为实。太子即位时，吕端在殿下站着不拜，他请求把帘子挂起来，自己上殿看，认出是原先的太子，他这才走下台阶，率领大臣们高呼万岁。

吕端事前能明察秋毫，识破小人阴谋并有所防范；事中能果断决策，出奇策击破奸主；事后又能眼见为实，不被眼前的现象迷惑，不仅明智，而且老到。在皇位继承的关键问题上，吕端的"小事糊涂，大事精明"表现得淋漓尽致。

可见，"小糊涂，大精明"是成就大事业的一大智慧。反之，要是"小事精明，大事糊涂"，那可就不妙了，事情非糟糕透顶不可。

石达开是太平天国首批受封的王中最年轻的军事将领。太平天国建都南京后，石达开同杨秀清、韦昌辉等人都是洪秀全的重要辅臣。天京事变中，他因支持洪秀全平定叛乱，从而成了洪秀全的首辅大臣。可是后来洪秀全却隐居深宫，将朝政全权委托给了无能的洪氏兄弟，以此来牵制石达开，这样促使矛盾日益激化。

从当时的情形看，解决矛盾的最好办法是灭洪自代，形势的发展也需要石达开这样的新领袖。石达开尽管在战场上战无不胜，但他在为人处世方面却连个小孩子都不如，患得患失，斤斤计较，满口仁慈、信义，而且害怕落得个"弑君"的骂名，这决定了他不可能成就一番大事业。

123

1857年6月2日，石达开选择率部出走，认为这样既可以继续打着太平天国的旗号从事反清活动，又可以避开和洪秀全再产生矛盾。

石达开率领大军到了安庆。如果按照他原来"分而不裂"的想法，是可以以安庆为根据地，然后再向周围扩充，在鄂、皖、赣再打出一个天地来。况且安庆离南京不远，还可以互为声援，减轻清军对天京的压力，石达开原来在天京军民心目中的地位也可以保留下来。这些石达开本来也是完全可以做得到的。但是，石达开却没有这样做，他决定和洪秀全分道扬镳，彻底决裂，于是他舍近求远，去四川自立门户。

就是因为石达开大事犯糊涂，最终导致决策错误。虽然他拥有 20 万大军，英勇转战江西、浙江、福建等 12 个省，震撼了半个南中国，历时 7 年，表现了高度的韧性，但最后还是免不了一败涂地。1863 年 6 月 11 日，石达开部被清军围困在利济堡，谋士曹卧虑建议他决一死战，而军辅曾仕和则推举诈降计，石达开最终接受了诈降。他想用自己一个人的生命换取全军的安全，这是他决策的又一失误，他再一次在大事上犯了糊涂。当军中部属知道主帅"决降，多自溃败"，很快溃不成军。正在这时，清军又采取措施，把石达开及其部属押送过河，把他和两千多解甲的将士分开。清军的这些举动，让石达开顿时猛然醒悟过来，他意识到诈降计的失误，心里悔恨不已，然而什么都来不及了。

石达开被押过河后，"舍命全己军"的幻想彻底破灭。但他后来的表现也十分坚强。清将骆秉章对他实行劝降，石达开严词以对，说："吾来乞死，兼为士卒请命。"可是，这时候说什么都没有用了。

回顾石达开的失败，主要是人事决策的错误，他错就错

在大事犯了糊涂。究其原因，是他对分裂后的前途缺乏信心。因为太平天国里善战的大将几乎都没有响应他。他邀英王、忠王一起行动都遭到了拒

绝；赖汉英、黄文全、林启容等战将也不愿跟着石达开出走。除此之外，石达开出走的目的不明确，政治上、军事上都没有提出充满魄力的新的构想和谋略，只是消极地常年流动作战。他想用不分帜来表示他对天国的忠心，但他的出走实际上却表现出了十足的分裂。这种不分帜、不降清、不倒戈的"忠义"形象和他出走天京的实际行动大相径庭，他这种拖泥带水、患得患失的举动，也决定了他出走后不可能成就什么大事业。

所谓"水至清则无鱼"，并不是说可以随波逐流，不讲原则，而是指对于那些无关大局、枝枝蔓蔓的小事，不应过于认真，对于那些事关重大、原则性的是非问题，也万万不可随意套用原则。汉代政治家贾谊也这么说："大人物都不拘细节，从而才能成就大事业。"

125

弃名利而凡　舍自我而真

【原典】

至人无己，神人无功，圣人无名

——《庄子·逍遥游》

【释义】

道德修养高尚的"至人"能够达到忘我的境界，精神世界完全超脱物外的"神人"心目中没有功名和事业，思想修养臻于完美的"圣人"从不去追求名誉和地位。

和同事聊天时曾经谈到"幸福"这个话题，他说：乞丐和国王的幸福程度是一样的！仔细想想，其中的道理却是很深的——拥有三千后宫、万里疆土的国王，他会觉得很幸福。但是，一个乞丐如果有一碗热乎乎的肉饭，他的幸福感和国王相比，肯定也是相差无几的！世间有很多事情又何尝不是这样呢？有的人把拥有名利、拥有高官厚禄当作是幸福，有的人却把一日三餐无忧看作为是最大的幸福。

繁华的街道，灯红酒绿，香车宝马，丽人倩影。人们原

126

来就生活在一个物欲横流的名利场中。随着社会的不断发展，现代人们的价值取向和观念也发生了巨大的嬗变。在市场经济环境下，很多人自然而然地就把追求名利这一需求放在突出的位置去考虑。于是，在官场上、生活中，就出现了溜须拍马、奴颜婢膝、人云亦云的人。他们旁若无人地做着口是心非、口蜜腹剑，只让某些领导看着心里欢喜的见不得人的事情。

凡此种种，归根结底，无非是为了"功名"二字！

从古到今，一个人活在这世上，最难看破的就是"名"和"利"这两个字。应该说，每个人首先遇到的就是利益的纷扰和诱惑。因为在这个世界上，每个人都会面临着大大小小的经济方面的问题，都不同程度地感受过生存的困窘。对于生活上贫困，真正的仁人志士是不怕的，他们怕的只是精神上的潦倒。

因此，一个人在高居官位时，切莫忘乎所以；在更换职务或退职时，也切切不要灰心丧气。无论身在什么地方，一个人活在这世上，不能全都为了追求所谓的名利，应该还有比名利更重要的东西值得人们去追求。奇怪的是，有些人，却并不能做到这些。他们高居官位时，往往是盛气凌人，认为自己很不可一世。而那些所谓的朋友和他见面时也是热情得不得了。可是，当他一旦离职后，原来结交的那些朋友碰面时却形同陌路。甚至在他出现差错时，一些熟悉的或陌生的目光就会向他投过来，关切、惋惜、疑惑、得意、幸灾乐祸……各种各样的目光都有。遇到这样的情况，千万不要觉得意外和感伤。因为常言说得好：人各有志。每个人都有自

127

己的处世哲学和生存方式。忙于"名利"的人，自然会把你当作官场上的失败者，既已失败也就没有利用价值了，遭到世人的鄙视也是常理，所以根本不必为遭遇这些而有所顾虑，并因此而烦恼不已。

可以这么说，快乐和烦恼都是自找的。当你在万籁俱寂的深夜，身处斗室中，只有一盏台灯陪伴同样孤寂的自己，只有那缕缕灯光属于自己的世界时，那种惬意、那种自得，其实是很难用语言能表述清楚的。手捧书卷，你可文思泉涌，你可笑看庭前花开花落，闲望天上云卷云舒。那时，还能有多少酒桌上的觥筹交错的心情？

有句话贴切地说出了对名利二字的感受，那就是："名利高寒阁，冷暖只自知"。无论是宦海沉浮，还是商战成败，是情场生死，还是人生苦短……就像寒鸭戏水一般，冷暖自知。做到淡泊名利，就可以免去许多痛苦，可以笑看人生。其实，淡泊名利也并不是看破红尘之类的落伍思想，笑看人生中的进步可以给人恬静、惬意的生活氛围，可以在平淡中找到快乐，在宁静中制造浪漫，这才是大多数人追求的生活方式。诸葛亮说过："非淡泊无以明志，非宁静无以致远。"说的就是这种生活境界。清代艺术家张潮在《幽梦影》中也这么说："能闲世人之所忙者，方能忙世人之所闲。人莫乐于闲，非无所事事之谓也。闲则能读书，闲则能游名胜，闲则能交益友，闲则能饮酒，闲则能著书。天下之乐，孰大于是？"这么看来，淡泊也不是没有理想、少有追求的表现，也不代表着懒散和碌碌无为，而是"明志"和"致远"，是对生命的一种选择，也是自己灵魂升华的极高境界，是一种自由而坦然的表现。

淡泊名利，可以心无杂念，一门心思地去实现远大的志向，笑看人生，心地坦荡无私，如海纳百川。多几分旷达，少一些忌妒，多几分潇洒，少一些烦恼，对名利保持几分淡泊，对生活就能多出几张笑脸。人生在世，一切都是心之所属，何乐而不为呢？不为名利所牵绊，不为金钱所诱惑，想来就来，想去便去，这样自由自在的生活，不似神仙也要赛过神仙了。

古时候，有一个人要到另一个村子去办事。他这还是第一次走出村子。由于当时交通很不方便，他只好步行前往。走啊走，他在穿过一大片森林后发现，要到达另一个村子还必须经过一条河流。不过河的话，就得爬过一座高山。是要渡过这条湍急的河流呢？还是要辛苦地爬过高山？他从没遇到这样的情况，一下子拿不定主意了。

正当为难之时，他突然发现附近有一棵大树，于是他就用随身携带的斧头把大树砍了下来，然后把树干砍凿成一艘简易的独木舟。有了船，就不愁没法安全过河了。看着自己亲手造好的船，这个

人很高兴，同时也很佩服自己的聪明。他很轻松地坐着自己建造的独木舟到达了对岸。上岸后，他又继续往前走。可是没走几步，他又想，这独木舟实在是解决了一个大问题，用处可不小，如果就这么把它丢在河岸边，实在是太可惜了！况且，前面的道路是怎么样的，自己也拿不准，如果再遇到河流的话，他还得重复之前的工作，必须再砍树，然后辛辛苦苦地凿成独木舟，这是多么累人的事啊！于是，他决定把独木舟背在身上走，以备不时之需。

就这样，他就背着独木舟，满头大汗地走在路上。随着时间的推移，他的步子也愈走愈慢，越迈越小。独木舟实在是太沉重了，压得他几乎喘不过气来。他边走边休息，有时也想把独木舟丢掉不要了。可是，他想想却又舍不得了，心想：既然已经背了好一阵子，就继续吧！万一真的再遇到河流就能派上大用场了，这样辛苦也值得啊！于是，他就这样一直汗流浃背地走在路上。一直走到天都黑了，他发现，一路上都很平坦，而且在到达目的地前，他一直都没有再遇到河流。可是，因为背着这独木舟，他到达目的地时不得不多花三倍的时间。

这则故事实际上是在告诉我们，每一个人其实都不知道自己人生的道路会是怎么样的，是平坦的？崎岖的？还是会有湍急的溪流？或是有陡峭的高山？不管将面对什么，我们都必须做出选择……要轻松、快乐地走？还是要背着沉重的包袱走？很多人为了追求名利，不惜变卖家产去参加选举，并且信誓旦旦地说一定会胜选。可是，最后却不幸落选了，而且还弄得倾家荡产、妻离子散。这难道不是为了求名利，而背着两三条独木舟吗？

　　事实证明，名利是可以放得下、抛得开的。一旦抛下了，你的人生道路就可以走得很自在、很快乐！

131

一切皆应大处着眼

【原典】

因以为弟靡，因以为波流，故逃也。

——《庄子·应帝王》

132

【释义】

于是我使自己变得那么随意顺从，变得像水波逐流一样，所以他逃跑了。

有句话听来似乎是在绕弯弯，然而却不无道理："凡事不能不认真，凡事不能太认真。"一件事情是否应该认真，这是要看具体情况的。钻研学问讲究认真，面对大是大非的问题时更要讲究认真。而对于一些无关大局的琐事，就不必太认真了。不看对象，不分地点刻板地认真，往往会让自己处于一种尴尬的境地，从而处处被动受阻。

庄子认为，懂道的人生活在这个世界上，如梦如幻，一切都是在游戏中，连生死都是游戏，现实更是游戏，没有什么不是游戏。因此，没有必要那么认真，或者认真也无妨，

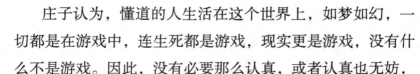

要知道认真也是游戏，不认真也是游戏。

花开花落，斗转星移。人生就像一场游戏，游戏结束了，人生也就结束了。

人生如果是一场游戏，自然也有输有赢。而是输是赢大多在于自己的认识，自己的态度。如果一味地计较输赢得失，那么人生是很无味的。"世间本无事，庸人自扰之"，所以，不论在什么时候，什么地方，对人、对事都要做到放宽心态，不要过于认真，这样自己才不会活得那么累，那么苦。

有人也说过："世界上怕就怕'认真'二字。"的确，生活中有些事情是应该认真，也有许多事情是不必认真的。有这么一个故事，说的也是认真。

艾子有两个学生，一个名字叫"通"，一个则叫"执"。有一天，这两个学生跟艾子一道去散步。走了一会儿，艾子感到口渴，就叫执去向远处的那位乡下老人讨水喝。执走向老人提出请求。老人听后说，喝水可以，但是要写一个字考考你，你会念，给你水喝，不会念，就不给你水喝。于是老人写了一个真假的"真"字，递到执面前，要他念。执说是"真"，哪知老人大为生气，说他念错了，执不解，就回去向艾子报告。艾子听了，又叫通去。老人对通也提出了同样的要求。看到那个"真"字，通却说，这是"直""八"两个字。听到通的回答，老人非常开心，就把水拿出来，让他们三人喝了。过后，艾子感慨地说："人要像通一样，才能达，如果都像执一样'认真'，连一口水也喝不到了。"

同样的一个问题，不同的人看了常常就会有不同的看法，相互之间因此而产生争论也是正常的，但有些细节方面的小问题，就不一定非要争论出什么结果来。过于认真，反而会影响人和人之间的关系。

第二次世界大战后的一天，卡耐基在伦敦参加史密斯爵士举行的宴会。宴会上，坐在卡耐基身边一位男士讲了一个故事，还引用了一句话"成事在天，谋事在人"，他还说这句话是出自《圣经》。"《圣经》？"卡耐基很清楚，这句话并不是出自《圣经》，而是出自莎士比亚的《哈姆雷特》。卡耐基马上纠正了对方。对方却反讥道："你说什么？出自《哈姆雷特》？你真会说笑，绝对不可能，这句话绝对出自《圣经》!"

卡耐基又认真地纠正，可是那个男士还是坚持自己的意见。于是，两个人为此争执起来。当时卡耐基的老朋友葛孟也在场，他是专门研究莎士比亚著作的，他很清楚卡耐基是对的。可是，在暗示卡耐基住口后，他却开口说："这位先生是对的，这句话确实是出自《圣经》，卡耐基错了。"这场争论因为葛孟的一句话终止了。可是，葛孟的话却让卡耐基心里很不舒服。回去的路上，卡耐基忍不住对葛孟抱怨道："你明知道那句话不是出自《圣经》，不是吗？""是的，那句话出自《哈姆雷特》，可是我亲爱的朋友，我们是去参加宴会的客人，何必为了这个问题争论。你证明他是错的，他心里一定会有芥蒂，你为什么要和他抬杠呢？不如给他留点面子。你永远记住，要避免与人发生正面冲突。"

135

在交往中，为了工作、事业上一些原则性的问题认真，甚至发生争论是必要的，也是应该的。但如果是碰到一些鸡毛蒜皮的非原则性的小事时也去这么认真一把，那就失去了认真的价值。朋友之间的争论，涉及原则性的问题其实很少，大多数是一些微不足道的小事，很多时候的相争是为了保住自己所谓的面子。如果能适可而止，就能避免冲突，否则，只会使事情变得越来越复杂，越来越糟糕。

时常会听到有人抱怨活得太累，究其原因也就是不该认真的事他也认真了。"水至清则无鱼"。如果事事都要去认真，那么人都没法平静地生活了。凡事不必太认真，很多时候，很多事情，是没有必要非要去争个一二出来的。尤其是在生活中，事事都去计较一番，是不会有什么好处的。

古时候有一位老妇人，因为凡事太认真，以至于她不得

不经常为一些鸡毛蒜皮的小事生气。有一天她去找高僧谈禅论道，高僧听了她的讲述，就把她领到一间禅房里，然后把她锁在房里，自己却扬长而去。妇人于是气得破口大骂，可是她骂了很久，高僧怎么也不理会她。于是，妇人又开始哀求高僧放她出来，对此，高僧还是置若罔闻。

又过了很久，妇人终于安静下来了。这时，高僧来到门外问她："你还生气吗？"妇人抬头看着高僧，很不高兴地说："我只为我自己生气，我怎么会来到这个鬼地方受这份罪？""连自己都不肯原谅的人，怎么能心如止水？"高僧听了拂袖而去。

过了一会儿，高僧又来问："还生气吗？"妇人说："不生气了。""为什么？""气也没办法啊！"听了这话，高僧又离开了。

当高僧第三次来到门前时，妇人告诉他说："我不生气了，因为不值得气！"高僧听了笑了："你还知道值不值得，看来心中还有气根。"

最后一次，当高僧的身影迎着夕阳印在门上时，妇人看到，知道高僧又来了，便道："大师，什么是气？"高僧听了就把手里的茶水倒在了地上，妇人看着地上的水，过了蛮长的一段时间，她似有所悟，叩谢而去。

我们的生命就像高僧手中的那杯茶水一样，转瞬间就会和泥土化为一体。光阴如此短暂，生活中的那些无聊小事，又怎么值得我们把时间花在去认真、去计较上呢？相信我们在生活中都有过为琐事生气、计较的经历，这其实是为了争个高低、论出强弱，可是争来争去，谁也不会成为最终的赢家。你在这件事上赢了别人，说不定不久以后，你就会在另一件事上输给他，输输赢赢，赢赢输输，没有尽头。可是，当闭上眼睛和这个世界告别的时候，所有的人都是一样的：一无所有，两手空空。

人生是短暂的，所以，千万不要为一些微不足道的小事而耿耿于怀，在这些小事上认真，为这些小事而浪费你的时间、耗费你的精力是不值得的。过分认真，最终一定是苦了自己，也苦了别人。

137

以人生为目的

【原典】

雕琢复朴，块然独以其形立。

——《庄子·应帝王》

【释义】

过去的雕琢和修饰已恢复到原本的质朴和纯真，像大地一样木然忘情而将形骸留在世上。

活着就是活着。所以许多哲学方面的见解，到庄子这里都没有什么意义了。人生就是以人生为目的，这就是庄子"块然独以其形立"的道理，本来如此，这个题目本身就是答案，还有什么好讲的！人们经常说人生应该怎样怎样，这不是要人刻意地去雕琢去粉饰吗？不要雕琢，就以人生为目的，很快活很自然的，没有刻意的欢喜和刻意的悲伤，这样就是最好的。

佛语常劝世人要"活在当下"。什么是"当下"？简单地说，"当下"指的就是现在正在做的事，现在身处的地方，现在在周围一起工作和生活的人。"活在当下"就是要你去关注这些人和事物，认真地去接纳、投入和体验这所有的感觉。

有一个老师很善于解决人生中的难题，于是他身边聚集了许多慕名而来的弟子。

可是这些弟子们每次有什么疑问来问老师时，老师总是说："要活在当下呀！""活在当下"这个答案太简单了，弟子们对这样的回答不是特别满意，于是总是恳求老师能给他们一个更深刻、更详尽的解答。

每当这时，老师脸上就出现难色，有些无奈地说："好吧！既然如此，等我查一查古代的圣贤是怎么说的，明天再告诉你们，对于这么深奥的问题，他们一定有很好的答案呀！"

弟子们渐渐发现，老师藏着一本大书，书里面记载了古代圣贤的许多重要的出奇的智能故事，这本书被老师锁在了书房中那个最高的柜子里。这本书在老师心中是最珍贵的东西，他从不准任何弟子接近那个柜子。

139

就这样，每次都是到了第二天，等老师翻阅了那本大书后，弟子们就得到了一个充满智慧的答案。可是，如果大家有了新的问题去问老师，老师还是说："要活在当下呀！"

这样，弟子不满意时，老师就会再一次翻阅大书，然后说出一个充满智慧的解答。

这样反反复复，日复一日，年复一年，日子久了，弟子们开始对老师起了质疑："老师只懂得一句'活在当下'，这是任何人都知道的事呀！不像古圣先贤真的充满了智慧。"

一个弟子说："老师自己并没有什么智慧，他只知道活在当下！"

另一个弟子也说："老师的智慧和我们没有什么差别，差别只是他有一册圣贤的书。如果拥有那本书，我们自己就可以当老师了。"

一个弟子又接过话说："这个老师真的太差劲了，我们是来自各地的精英，谁不知道活在当下呢？这句话也轮得到他来说吗？我们想学的是古代圣贤的言论和思想呀！"

久而久之，许多弟子都认为，只要拥有这本大书，像老师这样教学其实也不是件难事，他们都不约而同地产生了这样的想法："等到老师死了，我只要抢到那本圣贤书，就可以做老师的继承人，收很多的弟子，以给别人解决生命的困境维生呀！"

岁月流逝，老师渐渐老去，终于有一天，老师要告别人世了。临终前，老师没有指定某个弟子为继承人，也没有把圣贤书交给哪个弟子，他只说了一句话："要活在当下呀！"就永远闭上了眼睛。

老师死了，弟子不但没有伤心，反而一拥而上，冲进书房，争夺那锁在柜子里的圣贤之书。柜子很快被打开，书出现在弟子们面前，大家一拥而上，把书柜都弄坏了。

弟子们争抢着把那本大书撕成好多残篇，定睛一看，才发现那本书其实是空白的，书页上一个字也没有。这本书，只在封面上出现了老师的笔迹，上面写着四个大字：活在当下。

大家愣住了。有人开始仔细回味老师讲过的话，渐渐有所领悟："活在当下"是一种全身心投入人生的生活方式。当你活在当下，没有过去拖后腿，也没有未来拉扯着往前行时，一个人全部的能量都集中在"当下"这一时刻，自然也就能全心全意地对待生活中每一个事物，生活自然也就有了不一样的意义。

可是，实际生活中，我们自己，还有身边的许多人都活在过去或未来中。一些人每天都在追忆中消磨时间，为曾经拥有过的幸福已成过去而悲叹，为过去的际遇而愤愤不平。而另一部分人则生活在理想的未来中，担心现在强壮的身体会因年老而多病，担心一旦年老就会失去工作能力，经济也成了问题。无论是活在过去还是未来，这两类人都有一个共同点——他们已经失去了当下，不能愉快、自在地享受当下。

141

有个小和尚，每天早上都要清扫寺院里的落叶。

清晨起床扫落叶其实也并不轻松，尤其在风较多的秋冬季节，每一次起风时，树叶总是随风飞舞，给清扫增添了不少麻烦。每天早上都要花费不少功夫才能把树叶全部清扫完，周而复始的工作让小和尚很是苦恼，他想找个办法让这份工作变得轻松一些。

有个和尚知道了，就跟他说："你明天打扫之前先用力摇树，把树叶统统摇下来，后天就可以不用扫落叶了。"小和尚听了，觉得这是个好办法，于是第二天他一大早起床后，就去使劲地摇那些树，他想，把这些明天要落的树叶也都摇下来，这样就可以在一天之内把今天和明天的落叶一次扫干净了。扫完了地，小和尚这一天特别开心。

可是第二天，小和尚到院子里一看不禁傻眼了，院子里一如既往地满地都是落叶。

这时，老和尚走了过来，对小和尚说："傻孩子，无论你今天怎么用力，明天的落叶还是会飘下来。"小和尚这才明白，世上有很多事是无法提前的，唯有认真地活在当下，才是最真实的人生态度。

人生短暂，很多事和人都在一瞬间就过去了，我们能掌握的东西少之又少，过去已经成为过去，未来也不一定就是按我们想像的去发展，只有当下，也就是现在的这一秒钟才是实实在在的掌握在我们手中。只有珍惜现在拥有的一切，尽情享受人生的苦与乐，才不会虚度这一生。

第七章

自然的养生之道

道家的养生观点可谓是修身养生的佳酿。

而作为道家始祖的老子所提出的「道法自然」、「少私寡欲」、「自谦之德」等养生原则及由此推导出来的具体养生方法，无论过去还是今天，都是行之有效的保健方法，对人们身心的健康都有着深远的影响。

一切如愿就快乐

【原典】

泽雉十步一啄，百步一饮，不蕲畜乎樊中。神虽王，不善也。

——庄子《养生主》

【释义】

生活在沼泽地中的野鸡虽然很艰难，寻找很长时间才能够找到饮食，但它还是不愿意被关在笼子中。尽管在笼子中吃喝无忧，精力充沛，却不是好的生活方式，因为这种生活使它失去了自由，也失去了本性。

庄子说的养生，并不仅仅指活着，而是要过一种符合自己本性的生活，也就是那种可以自由自在地过的生活。养生也一样，就是要养护自己的本性。因为只有这样活着，才会活得富有生机，而且能展现出生命的本义。反之，违背自己的本性活着，活的时间再长也是毫无意义的。没有意义的活着，跟行尸走肉又有什么区别？

在所有的动物里面，人的占有欲是最强的。为了占有自己喜欢的东西，亦或是为了限制自己所憎恶的对象，人发明了监狱，用

监狱来把自己的所爱、所恨全都关在里面，让别人分不清他究竟是在爱，还是在恨。把罪犯关到监狱里，这对于很多人来说似乎还可以理解，可是把自己的所爱也关到牢笼里，就有些让人费解了。人们喜爱动物，就把它们关到动物园中，而那不过是动物监狱的别称；人们喜欢鸟，就把它们关到笼子里，人们对宠物爱护有加，爱不释手，以为那就是对它们的爱了，而不知道这种爱正是这些动物的枷锁。这些动物因为人们的爱而失去了自由，丧失了本性，已经不是为了自己活着，而是为人活着，也成了人的奴隶。

经常可以看到有养鸟人手里提着个鸟笼，嘴里哼着小曲儿，一副心满意足的样子。这不禁让人感到疑惑：他这真的是在爱鸟吗？如果反过来，把他关在鸟笼里，而提着笼子的是鸟儿，他还能唱出这么愉快的歌谣吗？人们手里提着鸟笼，耳朵里听着鸟儿们的叫声，以为鸟儿是在高兴的歌唱，哪里知道这其实是鸟儿对自由的呼唤，对身陷囹圄的抗议！对失去自由而发出的无可奈何的痛苦呻吟！没有人愿意过呆在牢狱里的生活，那么，为什么要把自己不愿意过的生活强加到其他动物身上呢？

人的欲望就是一座监狱，不仅是动物的监狱，而且也是人类自己的监狱。人们建立了"家"，把自己喜欢的东西封闭起来，不让别人轻易地就能接触到；人们建立了"单位"，用来确立自己的势力范围；人们发明了国家，就为了能占有国家中的人和物。各种的规范造就了"人"，"人性"也随之产生了。显而易见，人本来并不是"人"，"人性"是因为受到各种外在的力量挤压而成的。

找到一个"主人"，然后在"主人"安排的"笼子"里生活，这样的生活看上去似乎是无比幸福的，而且不存在任何危险，可以安逸地度过一生。可是，这样的生活没有丝毫的创造性、神秘性和挑战性，从现在就可以看到今后甚至是一辈子，从生可以看到死。从这个角度来说，这样的生活毫无生机，是死的生活，虽然还有生命存在，却是虽生犹死。但是身处笼外则截然不同，虽然要不断面临着失去生命的可能，没有任何确定性，可是正是这种无常性赋予了生活无穷的意义，使生命闪现出一个个绚丽多彩的光环。

在主人的关心和照顾下，对于自己想要得到的一切，或许并不难握在手中，但这样的生活却是没有任何意义的。可以设想，如果自己所提出的一切要求都可以满足是怎样的情形？想要什么就给你什么，那将是一种多么无聊的生活。人们平时总是埋怨没得到这个，还缺少那个，十分渴望能拥有一种让人能获得满足的生活，却没有意识到，恰恰是这种缺憾的存在造就了生活的意义，没有缺憾的生活，也就没有任何意义了。此外还有一种可能，那就是满足你的任何要求，但有一个条件，就是把你关在笼子里。相信绝大多数人是不

146

会愿意的。因为在这样的条件下，人就和一头知足的猪、一堆还具有新陈代谢功能的活肉毫无区别了。除此之外，没有其他意义。

令人遗憾的是，我们常常就生活在这样的笼子里。我们的一生就像是从一个个较小的笼子到一个个较大的笼子的过程，当我们身处一个较小的笼子里时，总希望能到一个更大的笼子里去，以获得更大的利益和自由，但是如愿以偿之后，我们又发现，还有更大的笼子在前面，于是我们就又再追求下去。直到最后才知道，整个社会就是一个巨大的笼子。许多人都有过"怀才不遇"的感叹，其实是遗憾没能到一个更大的笼子里，没有找到一个能力更强的主人罢了。试想想，"不遇"是什么意思？就是没有得到别人（实则是有权有势的人）的赏识。被一个人赏识并为他所用，只不过是成了他的一个工具罢了。怀才有遇，只意味着怀才者成了某个人的奴才。从这一点来说，只有那些怀才不遇的"才"，才正是天然本性的、还没有被奴化的才。

养生之本在于养护自己的天然本性，也就是自由的本性。失去了这一点，也就失去了做人的根本，生命的意义也就不复存在了，即便活在世上，也如一具行尸走肉般毫无意义了。

147

人生最重要的东西

【原典】

　　吾生也有涯，而知也无涯。以有涯随无涯，殆已；已而为知者，殆而已矣。为善无近名，为恶无近刑。缘督以为经，可以保身，可以全生，可以养亲，可以尽年。

　　　　　　　　　　　　——庄子《养生主》

【释义】

　　我们的生命是有限的，而知识是无限的。以有限求无限，只能导致身心疲惫。已经因为追求知识而陷于困惑了，尚不知道停止，岂不是更加危险？做好事无不带来名声，而做坏事无不触犯刑律。（所以最好的办法是）忘却善恶，遵循中道，以之为不变的原则，这样才可以保全自己的身体，使自己的身体健康，可以有益于自己的双亲，可以终其天年。

　　人人都知道，生命对于我们而言是最重要的。然而，很多人一生实际上却经常做着对生命有害的事。明知而故犯，这就不能说是真正的知道生命的重要了。庄子为此特意揭露了对生命有害的几种行为，并指出了保全生命的方法和途径。

庄子首先指出追求知识的害处。生命是有限的，而知识是无穷的。用有限的生命去追求无限的知识，结果只有一个，那就是身心越来越疲惫。已经受困于知识中了，却还不知道停下脚步，还要去通过知识来获得问题的解决，这不是执迷不悟是什么？

庄子思考问题的方向和我们通常的思维是恰恰相反的，他认为：知识不仅不能解决问题，反而会让人陷入困惑中。因为越是想求知、去求知，遇到的问题、是非也就越多，遇到的问题越多，我们就越想要去寻求更多的知识来解决这些问题，周而复始的循环不止，这就使人陷入一种恶性循环中，以一种疲于奔命的状态困在其中，永远没有结束的那一天。而且，想用知识来解决问题，从根本上来说是不可能的，因为知识是无限的，我们根本无法达到终点，可以说这是一条绝路，走在这样的一条道路上，除了增加人的烦恼没有别的发展了。

149

人们常说，世界虽然是无限的，但我们的认识也是无限的，通过无限的认识过程可以接近或认识无限。但是，这种说法却忽略了一个问题，即世界的无限是真正的无限，而我们认识的无限是虚假的无限，它只是没有限度的意思，但任何一种认识，其中也包括那些说已经达到某种程度的认识，它们都是有限度的认识，所达到的也必定是在一定界限之内的认识。以这种有限的知识是不可能接近无限的。

其次，知识无益于生命，那么扬善抑恶应当是对生命有益的了。然而庄子却否认了这种说法。庄子认为扬善抑恶也

是有一定的害处的。他说，做善事没有不带来名声的，而做坏事也没有不触犯刑律的。

在这里，他把名声和刑罚相提并论，认为两者对人来说都没有任何好处。触犯刑律的危害尽人皆知，可是名声会有什么害处？庄子认为，有了名，就需要去维护所拥有的名声，就需要去迎合大众，否则这些名声就要受到威胁。在我们这个时代，对名声得失的反应恐怕比古人的要强烈得多，看一看那些歌星、影星就知道了。这些歌星、影星的一举一动都在公众的注视之下，他们常常是为了迎合观众而丧失了自己的个性，有的甚至因为遭到公众舆论的谴责而生存艰难，活不下去。有的名人则成了某些经济集团的工具，成为经济活动的附庸，完全失去自己生活的意义。

庄子认为，在这样的境况下，也并非没有出路。出路就在于"缘督以为经"，也就是处于两个极端之间，即既不要去做善事，也不要去做恶事，因为前者会带来名声而使人失去自由，后者则会因犯法而不自由。做善事行恶事都不能让人能够本真的活着，只有忘却善恶，在这两者之中行事，任事情自然而然地发生发展，才能够享有一种平静而自然的生活，这样也才能保全健康的生命，尽自己的孝道，终其天年。

　　依照庄子的观点，保身、全生、养亲、尽其天年才是人一生当中最重要的东西。如果没有了生命，就算是享有天下、家财万贯、名扬四海，这样又有什么意义？就算还活着，要是没有健康的体魄，不是这病就是那病，生理上不能健全，想生活愉快也是不可能的。活着不能孝敬自己的父母，使之老有所养，让他们颐养天年，作为儿女，大概心里也不会舒服的。罪大恶极的犯人，尤其是那些被处以极刑的犯人，在临死前还觉得此生最大的遗憾是对不起父母，何况是常人呢？此外，人活着终有一死，但是如果没有享尽天年，中途夭折，也是件令人遗憾的事情。因此，一切危及人生这四大要事的作为都是应该摒弃的。

　　理解了庄子的观点，也许有人就会问了：如果没有财富怎么来实现这些人生要事呢？怎么养活自己和父母？需要说明的是，庄子的意思并不是要禁欲，也不是彻底否定任何的欲求。因为一旦这样，生命和健康就要受到威胁，这也是和庄子的主张相矛盾的，是走向了另一个极端，不是居中了。而庄子的本意则是要过一种自然而然的平静生活，不刻意去做什么，同时限制过多的欲望。居中，就是要适度，超过了一定的限度，好处就变成害处了。

151

　　庄子对于知识的局限性的揭示，主要是想提醒人们知道知识的界限，从而知道知识在人生中的限度和意义，他也并不是倡导人们不去追求任何知识、不去独立思考，而是主张要超越知识的限制，这就是和大道融合为一的智慧。达到这样的境界的人，也就能够以超越知识的态度去追求知识了。

不必为死亡而忧虑

【原典】

老聃死，秦失吊之，三号而出。弟子曰："非夫子之友邪？"曰："然。""然则吊焉若此，可乎？"曰："然。始也吾以为其人也，而今非也。向五入而吊焉，有老者哭之，如哭其子；少者哭之，如哭其母。彼其所以会之，必有不蕲言而言之，不蕲哭而哭者。是遁天倍情，忘其所受，古者谓之遁天之刑。适来，夫子时也；适去，夫子顺也。安时而处顺，哀乐不能入也，古者谓是帝之县解。"

——庄子《养生主》

【释义】

老子死了，老子的朋友秦失来吊唁，哭了三声就出来了。学生问："您不是先生的朋友吗？"秦失回答说："是。""可是，既然是朋友，这样吊唁可以吗？"秦失说："可以。一开始我也是把他当普通人看待，而今不这样看了。刚才我进来吊唁，有老人哭他，好像哭他的儿子；有少年哭他，如同哭他的母亲。他们在这里哭泣，必然有不想吊唁而吊唁和不想哭而哭的人，这违背了天理，违反了常情，忘记了人禀赋的天性。古人把这叫做违背天性的刑罚。该来的时候，先生应时而来；该走的时候，先生顺时而走。应时而为，顺时而动（自然而然），哀乐不入于胸中，古人把这叫做天然束缚的解除。

要达到养生的目的，除了放下名利以外，还要放下生死之虑。生死是每个人都要面临的问题，这个问题是谁都要考虑的。生死问题对于每一个人来说都是最终的、不可超越的问题。一个人对待死亡这个问题如果不能做到坦然面对，那也就不可能保全自己的本性，死的烦恼也会时时困扰人心，想要过安宁日子也是不可能的了。

怎样对待死亡有益于养生？

首先，要把生死置之度外，不因生死变化而感伤。"乘云气，骑日月，而游乎四海之外，死生无变于己，而况利害之端乎！"所谓的"乘云气，骑日月，而游乎四海之外"，就是说要摆脱对生死的牵挂，回归自然，从自然的角度来对待生死。而"死生无变于己"也并不是自我麻醉，逃避生死，而是要参透有关生和死的道理，积极地对待生和死，把生死看作是一种自然现象，不再为死生忧虑。一个人如果能达到这种境界，也就能够一切处之泰然，就算泰山在他眼前崩塌也面不改色，更何况其他事情呢？跟生死比起来，名利之类的东西便也什么都不值了。

其实，过多地去考虑生死并没有任何意义。因为无论怎么考虑，最终都不能改变死亡这个结果，而且过于忧虑生死问题更会加速死亡的到来，正所谓忧虑成疾，就是这个道理。

153

如果一定要认真地去思考清楚死亡这个问题，那么最终的结论只能是：死亡是不可思考的，因为死亡的必然性并不因思考而发生改变。既然死亡是不可能避免的，那倒还不如从此抛开它，再也不去思考它，最好忘却它，这样也就能活得更快乐一些了。

其次，对待生死的情感一定要真实而发自内心，不真实的情感对生命也是有害的。快乐和痛苦都应该自然发自内心，而不能虚伪而做作。否则，心里并不想哭却去哭了，不想去吊唁而去吊唁了，那就是违背本性和天理，就会受到自然的惩罚。

按照常理，亲朋好友死去时，作为活着的亲人应当哭得死去活来，表现得越痛苦越是能表现出情感的真挚。可是，正是这种"常理"导致了人虚伪一面的形成。于是，只要是在这样的场合中，任何人都必须表现出悲痛，否则就会被认为是无礼或无情。因此，人人在这个时候都必须表现得"有情"。于是，我们可以看到，有的人明明对死者毫无感情，却在吊唁时大哭，那哭声听在人们耳中却是干嚎，很明显地，这是从嗓子里挤出来的，那样的干嚎声让在场的人听了都觉得生硬做作，不知他自己可觉得畅快？有的人明明是因为上司死了自己才得到升迁的机会，内心里正狂喜，表面上却要

154

装出痛苦万分的样子，这样的内外相反的冲突不知对他的心灵会造成何等的伤害！而这种虚伪的表现对人的本性的伤害，那就更是无法估量的了。从这个角度来说，面对死亡，要顺其自然，想哭就哭，不想哭就不要强迫自己去"哭"。

反过来，从死者的角度来看，死亡对他来说也是件再自然不过的事了。他该来的时候来，该去的时候去了，这不正是最自然的事吗？他"安时而处顺，哀乐不能入"，他自己都没为自己悲伤，我们又何必去哭泣呢？与之相反，死亡使天然的束缚得到了解除，人从此再也不会受到生死的约束了。从这个角度说，人们不仅不应该为死者感到痛苦，相反应该为死者感到高兴才是。而无论是为死者痛哭还是为他感到高兴，究其实都是没有意义的，因为无论怎样，都不能改变他已经死亡这个事实。

155

不过，要彻底做到对生死不动心的境界是不可能的。不仅我们做不到，就是庄子本人，也不能达到这样的境界。在庄子的文字中，我们可以看到，到处都有他对于生死的思考，从这个方面来说，很难确定庄子本人已经超越了生死。当然，这也是人之常情。从理性的角度我们可以接受庄子的分析，但人都是有感情的，而理性的约束对于情感来说是无能为力的，因此，悲伤也是难免的。

尽管我们难以做到，但这种对于死亡的认识仍然是有意义的。我们应该认识到，庄子所提倡的"哀乐不能入"，并非无情，而是真情。假如死者还能感知，他绝对不愿意看到活着的人因为他的离去而痛苦，并因这种痛苦而伤身。而死去的人也已没有任何知觉，因而无论他身边的人多么感伤，他也感觉不到丝毫悲痛的信息了。从这个角度来看，活着的人无论怎么痛苦，这对于死者来说是毫无意义的。

对于死，我们的确是无法彻底超越，然而淡化对它的思想却是有必要的。有的人很在乎生死，为了延年益寿，他几乎把所有时间都用在延长自己的寿命上了，忙着进行身体锻炼，不断地吃养生药物，整天生活在对死的恐惧之中。究其一生，他只是为避免死亡而活，这样活着，就算这辈子再长又有什么意义？有意思的是，是否真的就能因此而长寿吗？谁也无法知道。因为我们并不知道，一个人本来应该可以活多长时间。实际上，有不少人正因为过于热衷于参与这些活动而减少了寿命，或由于活动过度，或由于用药不当。由此看来，对付死亡的唯一方法也就只能是蔑视死亡、忘却死亡了。

学会解脱

【原典】

吾生也有涯，而知也无涯，以有涯随无涯，殆已。已而为知者，殆而已矣！

——《庄子·养生主》

【释义】

人的生命是有限的，而知识却是无限的。以有限的生命去追求无限的知识，势必体乏神伤。既然如此还在不停地追求知识，那可真是十分危险的了！

我们常常听到这么一句话，说一个人要拿得起，放得下。而很多人都有这样的感觉，在实际行动中，"拿得起"很容易，"放得下"却很难。所谓"放得下"，指的是一种心理状态，就是遇到"千斤重担压心头"时也能把心上的重压卸掉，使自己能轻松自如地面对一切。

庄子说：一个人养生的目标就是自己的身心不烦恼、不痛苦、不忧烦，可以很安祥、很平凡、很快乐地过一生。知识和经验并不是养生的追求。所以一个人，应当不被知识和经验所困扰，要学会从中解脱，才算养生。换句话说，就是要"拿得起，放得下"。

《庄子》中就说了这样一个故事：

肩吾与孙叔敖是同乡，两个人都在同一个村子里长大，可是交往也不是很深，两个人的人生经历和人生看法也存在着差异。

孙叔敖长大后便到外面谋生去了，直到退休了才回到村里安度晚年。有一天，孙叔敖和肩吾两人在树下乘凉喝茶，肩吾就问孙叔敖："一般做过官的人衣锦还乡大都要兴建豪宅，并围起高高的篱笆，深怕别人抢夺他的钱财，危害他的生命；而你曾经三度为相，当你做宰相时，我看不到你家的房子有什么改变，当你三度罢相和这一回告老还乡，我也感觉不出你有什么怅然若失的样子。刚开始的时候，我还怀疑你是深藏不露，喜怒都不表现出来。可是这一段时间里，你天天在这里喝茶乘凉，都是一副悠闲自得的样子。我才相信，你是真的不把在朝野时的经历放在心上。荣华富贵、归隐乡林都不能影响到你，你到底是怎么做到的呢？"

孙叔敖听了肩吾的话，微微一笑说："我又有什么过人之处呢？我不过是因为官职来到我身上，我不能推卸；官职离开我，我也留不住。得官失官都不是我个人意志能决定的，所以也就没有什么忧愁了。再说了，得与失的原因究竟是在令尹这个职位上呢，还是在我自己身上？如果是在令尹这个职位上，那就是与我毫无关系了；如果原因是在我自己身上，那就是和令尹这个职位无关了。至于我自己，要考虑的是怎么做到心满意足，从容自得，哪有闲心去思考什么人的贵贱呢？”

一个人在人世间，拿得起是一种勇气，放得下是一种肚量。对于人生道路上的鲜花和掌声，有处世经验的人大都能等闲视之，历经风雨的人更是有着自知之明。但对于其中的波折、坎坷和泥泞，还是依然能够用平常心看来待它，那就是非常不容易的事了。面对大挫折和大灾难，能不为之所动，不为之动容，而是坦然主动去承受，这则是一种胸襟和肚量。

佛家以大肚能容天下之事为乐事，这是一种极高的境界。既来之，则安之，这是一种超脱，但这种超脱，是需要多年的磨练才能养成的。

翻开历史，我们会发现古代已经有很多人具备"放下"

的艺术和智慧。宋朝的吕蒙正就是其中之一。当年吕蒙正被皇帝任命为宰相，他第一次上朝那天，突然人群里有人大声讥讽他："哈哈哈，这种模样的人，也能入朝为相啊？"可吕蒙正却像没有听见一样，一言不发地继续往前走。跟随在他后边的几个官员听到了，不禁为他鸣起不平，还拉住他的衣角

要他停下来，非要帮他查查到底是谁如此大胆，敢在朝堂上讽刺刚上任的宰相。可是吕蒙正却劝阻大家说："谢谢大家的好意。我为什么要知道是谁在说我呢？一旦知道了，一生都放不下，往后还怎么处事？"

吕蒙正很善于看人，他所举荐的人，后来都成了国家的栋梁，而他最大的特点就是，一旦任用了哪个人，他就不再让他受到自己权力的约束，而让他尽情发挥出自己的才能。他做宰相期间，就一直以"无为而治"作为自己的施政方针。有一天，他的两个儿子突然愤愤不平地对他说："父亲，外面都说你无能，你做宰相，权力怎么都被别人分夺去了呢？"吕蒙正听了，却不以为然地哈哈大笑说："我哪有什么能耐啊？皇上不就是看我善于识人，才提拔我当宰相的吗？我当宰相就是为国家物色有能力办事的人，我要权力干什么啊？"

吕蒙正之所以能成为大宋的一代名相，正是因为他有一个能放下一切荣辱的襟怀。从古至今，有些人拼命地揽权，并不是他比别人更有能耐，而是因为他贪图权力给他带来的"好处"。正因为有这样的人存在，因而有嫉贤妒能、不愿放下权力的人存在也就不稀奇了。如果用一句话来评价吕蒙正，那就是"拿得起，放得下"。遗憾的是，在现实生活中，能真正无愧于这个评价的人却是少之又少。

生活有时会逼迫着你把自己的权力交出来，把等了很久才等到的机遇从身边放走。因为，你不可能什么都能得到。所以，为人处事更重要的是洒脱而不固执，对于得失成败不要看得太重。成功时不骄不躁，失败时放得开，不去背什么思想包袱，心存"一切随缘"的心态，就可拿得起、放得下了。

欲望是魔鬼

【原典】

缘督以为经，可以保身，可以全生，可以养亲，可以尽年。

——《庄子·养生主》

【释义】

遵从自然的中正之路并把它作为顺应事物的常法，这就可以护卫保身，就可以保全天性，就可以不给父母留下忧患，就可以终享天年。

现代的很多人在学佛修道的同时，却也有着这样的信念：地皮要炒，美钞、黄金要有，名片上也总要印上一个官衔。一为地皮、黄金之类的事情忙乎了，想做到"缘督以为经"，想把奇经八脉打通，长寿养生是根本不可能的。一个人的欲望随着年龄、知识、经验的增长一起升高，那是非常可怕的事。如果一个人的欲望不跟着这些升高，那么，就差不多可以修道了。当然，欲望能减退更好。

欲望与生俱来，每个人都有欲望。世间的人不能做到心安理得，就是因为放纵心里的欲望，人生的痛苦也是源自于欲望。

一位哲人曾说过，贪欲会随着一个人拥有的黄金数量的增加而增加，而痛苦则是因为贪欲的增加而增加。

从前有个靠打柴为生的人，他长年累月地辛苦劳作，却还是改变不了困顿潦倒的生活。为此，他经常烧香求佛，希望佛祖能保佑他摆脱贫困。年复一年，就连他自己也记不清自己在佛前烧了多少炷高香，向佛祖祈求让好运降临在他身上，从此让他逃离苦海了。佛祖果然是以慈悲为怀。终于有一天，他无意中从山坳里挖出了一个百来斤的金罗汉。有了这个金罗汉，他很快就过上了以前做梦都无法梦到的生活，他高兴的又是买房又是置地。一看他有了钱，他的宾朋好友突然间一下子多出了十几倍，他们纷纷从四面八方赶来向他祝贺。

可是这个得到金罗汉的人只高兴了一段时间，很快地他又犯起愁来。食不知味，夜不能寐，天天长吁短叹地。"偌大的家产，就是贼偷，也一时不能偷个精光，看你愁得像个丧尸鬼！"他的妻子看他发愁的样子，以为他是担心家里的钱财被人偷走，就几次三番地这么劝他。

"你一个妇道人家怎能理解我的愁事呢，怕人偷只是原因之一啊！"这个人长长地叹了口气，说了这话便懊恼地用手抱住了头，又闷声不响了。

"十八罗汉我只挖到一个，其他十七个不知在什么地方？要是那十七个罗汉一齐归我所有，那该有多好啊！"——原来，这才是他犯愁的最大原因。

人性中的欲望与生俱来，沉湎于欲望而不能自拔就是所谓的贪婪了。贪婪会使人迷惑，并在不知不觉中丧失理智，最终要为此付出沉重的代价。很多人惊醒时大为后悔，然而后悔也来不及了，一切都已经晚了。本来是件好事，最后却成了遗憾。

相传宋仁宗年间，在一个小山村里，有一对母子。母亲年迈多病，不能下地干活，儿子名叫王妄，已经三十岁了还没讨上老婆，又没有别的生财之道，只能靠卖草来维持一家人的生活，日子过得很清苦。

有一天，王妄依旧到村北去拔草，拔着拔着，他发现草丛里有一条七寸多长的花斑蛇，这条蛇浑身是伤，动弹不得。王妄于是动了怜悯之心，小心翼翼把这条蛇抱回家中，帮它冲洗伤口并敷上草药。一会儿功夫，这条蛇便苏醒了，它懂人事地冲王妄点了点头，似乎在表达它的感激之情。王妄母子俩见状非常高兴，赶忙为它编了一个小草篓，小心地把这

163

条蛇放了进去。从此，母子俩对这条蛇是精心养护，爱护有加。时间一天天过去，随着蛇伤逐渐痊愈，这条蛇也慢慢长大了。时间长了，这条蛇总像是要跟他们说话似的，样子很可爱，给王妄母子俩单调寂寞的生活增添了不少乐趣。王妄在无意中发现，蛇篓在晚上会时不时地发出道道金光来，可他看看蛇也没什么异样，就没把它放在心上。日子就这样一天天地过去了。王妄照样每天出去打草，母亲则照样守在家中，小蛇也整天呆在篓里。忽然有一天，小蛇自己爬到院子里晒太阳，被阳光一照后，它突然变得又粗又长，就像一根大梁。这情形被王妄的母亲无意中看见了，这一幕吓得她惊叫一声昏死过去。等王妄回到家中，蛇也回到了屋里，恢复了原形。见到王妄，它突然发出人声，着急地说："我今天失礼了，把母亲给吓死过去了，不过别怕。你赶快从我身上取下三块小皮，再弄些野草，放在锅里煎熬成汤，让娘喝下去就会好。"王妄听到蛇会说话，心下一惊，却也好言说："不行，这样会伤害你的身体，还是想别的办法吧！"蛇急忙催促他说："不要紧，你快点，我能顶得住。"听了蛇的话，王妄也想不出更好的办法，只好流着眼泪照办了。母亲喝下汤后，很快就苏醒过来，母子俩又感激又纳闷，可谁也没说什么。王妄再一回想每天晚上蛇篓里放金光的情形，更觉得这条蛇非同一般了。

话说宋仁宗整天不理朝政，宫里的生活也是日复一日地过，没什么新鲜感，这让他觉得很厌烦，就想要一颗夜明珠来玩玩。于是他就让人张贴告示，说谁若能献上一颗夜明珠，就封官受赏。这事传到了王妄的耳朵里，王妄就回家对蛇说了这事。蛇听后沉思了一会儿，说："这几年来你对我很好，而且有救命之恩，总想报答，可一直没机会，现在总算能为你做点事了。实话告诉你，我的双眼就是两颗夜明珠，你将我的一只眼挖出来，献给皇帝，就可以升官发财，老母亲也就能安度晚年了。"王妄听后非常高兴，原来夜明珠就在自己家中啊！可他毕竟和这条蛇共同生活了多年，相互之间也有了感情，他怎么忍心下手呢？王妄为难地说："那样做太残忍了，你会疼得受不了的。"蛇说："不要紧，我能顶住。"于是，王妄又听了蛇的话，挖出了蛇的一只眼睛。第二天，王妄来到京城，把夜明珠献给了皇帝。满朝文武从来没见过这么奇异的宝珠，个个赞不绝口。到了晚上，宝珠果真发出了奇异的光彩，把整个宫廷照得通亮，皇帝看了非常高兴，就依告示所言，封王妄为大官，还赏给他很多金银财宝。

165

　　皇上有了夜明珠，西宫娘娘见了，也想要一颗。为了满足西宫娘娘，宋仁宗再次下令寻找宝珠，并说要把丞相的位子留给第二个献宝的人。王妄心想，我把蛇的第二只眼睛弄来献上，那丞相的位子不就是我的了吗？于是他进到宫中，跟皇上说自己还能找到一颗，皇上立即高兴地把丞相的官职封给了他。可他万万没想到，王妄派卫士回去取蛇的第二只眼睛时，蛇却无论如何也不愿意给，并说要见王妄一面，见到王妄才能答应献出眼睛。无奈之下，王妄只好亲自去见蛇。蛇见了王妄，好言好语地劝说道："我为了报答你，已经献出了一只眼睛，你也升了官，发了财，就别再要我的第二只眼睛了。人不可贪心。"可是，这时的王妄早已是官迷心窍，哪里还听得进去半句？王妄完全忘记了与蛇之间的感情，无耻地说："我不是想当丞相吗？你不给我怎么能当上呢？况且，这事我已跟皇上说了，官也给了我，你不给不好收场呀，你就成全了我吧！"他执意要把蛇的第二只眼睛取出来。见他变得这么贪心残忍，蛇早气坏了，心里也有了主意，就对王妄说："那好吧！你拿刀子去吧！不过，你要把我放到院子里再去取。"王妄早已等不及了，一见蛇答应了自己的要求，立即一口答应了蛇的要求，把蛇放到了阳光照射的院子里，然后转身回屋取刀子。等他拿着刀子走出来想剜宝珠时，却发现蛇已变成了大梁一般粗大，正张着大口冲他喘气。见此情形，王妄吓得魂都散了，想跑，却已来不及了，蛇张开大口，一口就把这个变得无比贪婪的人吞下去了。

"人心不足蛇吞象"并不是一句毫无根据的话。一个人如果不能控制自己的欲望，而任其恣意膨胀，最后就会成为欲望的奴隶，最终丧失自我，被它所驱使和奴役。

166

第八章

无欲无求平常心

一位哲学家说过：没有大烦恼与灾祸的日子，就是天大的幸福。古希腊的大哲人伊壁鸠鲁也说：幸福，就是身体的无痛苦和灵魂的无纷扰。既然幸福是那么的「轻而易举」，我们又何必将幸福赶出我们的生活呢？

平常心态看得失

【原典】

是亦彼也，彼亦是也，彼亦一是非，此亦一是非。

——《庄子·内篇》

【释义】

事物的这一面也就是事物的那一面，事物的那一面也就是事物的这一面，事物的那一面有它的是与非，事物的这一面同样也有它的是与非。

白与黑，光与夜，永远都是互相对立，且存在着的，永远别想着会有任何一方消失。每一件事物都有它存在的理由与价值，同样它也付出了它存在的代价——被人们议论它的是与非，对与错。如果只有白天，没有黑夜，那么人类在需要睡眠的时候不得不去想尽一切办法"逃避"那"讨人厌"的刺眼阳光；如果只有黑夜，没有白天，那么人类在需要被照耀的时候不得不去想尽一切办法"驱散"那"惹人嫌"的一片漆黑。

庄子认为任何事物存在着两面性，它的性质是好是坏，都不能因为一个人的认定而断定它的是与非。

生活同样也存在着两面性，人生的道路就像漂浮在大海之中，随着海浪的起伏，时而冲到一个令人吃惊的高点，时而落在一个平淡无奇的低点，之后的事情谁也无法预测，或许是一个更高的高点，或许是一个令人失望的低潮期，人难免会经历这些潮起潮落。既然明白了这些都是人生的必经之路，那么我们更应该做到"得意不要忘形，失意不要失志"，这样无论我们获得再大的荣耀也不会骄傲自满，遇到再大的失败也不会向生活肉袒面缚。

"聪明令人羡慕，出丑让人难堪"，这是每一个正常人的想法，可是如果自己总是害怕在众人面前丢脸而不去练习一件事情，那么自己将永远不可能在这一方面取得哪怕一丁点儿成绩。天才，在社会当中只能算是代表人们幻想的事物的词汇，无论"天才"如何聪明，都必须经历一个磨练的过程，好比再精美的玉石也需要经过工匠的雕刻

才成为举世惊人的奇珍异宝。如果"天才"害怕自己在他人面前出丑而不去对他的先天性优势进行强化，他终究会选择另一个他并不清楚的方向前进，一辈子平平淡淡，这样的他和平常人有没有区别呢？白白浪费了自己的优势！相反的，一个平常人在某一方面并不是特别出色，常常出错让别人笑话，可是他一直坚持着自己的想法——这只是我的低潮，别人对他的讽刺成为了他前进的动力，后来，他取得了令人佩服的成就，笑话他的人已经转变成奉承他，他也一直坚持着自己的另一个想法——这只是我一个暂时性的高点，仍然继续努力着，不怕在众人面前"丢脸"。

人都太过于看重表面，没有发现另一面的结果是否对自己有益。"天才"就是没有发现"出丑"也是一种磨练，一种他也需要的磨练，导致了他一生碌碌无为。生活中获得成功的往往是那些勇敢地去干他们想干的事的人，他们还没读熟篮球规则便勇敢地走上篮球场；还没明白电脑基础便和"黑客"叫板；还没学会竞走便跃跃欲试参加马拉松比赛，即使在众人面前一次又一次跌倒，一次又一次被人笑话，还是潇洒地笑着说："这没什么！"

只跟法语老师学习了 1 个月的刘宇，老师对他的法语水平除了摇头还是摇头，可是他毅然决定亲自飞去法国洽谈一次极其重要的生意，全程不带任何翻译。刘宇到了巴黎，一直坚持使用他那结巴且不标准的法语与法国人交谈，却不使用他已通过八级考试的国际语言——英语。每个与他对话的法国人都会在说再见的时候称赞他："你真勇敢！"就连这次生意的合作商也被他这份乐观，勇于尝试的精神给震撼了，此次洽谈成为了刘宇所有的生意中最快签合同的一次。

生活中很多人对初学者避而远之，怕被他人笑话而拒绝学习新东西，宁愿错过并不容易得到的机会，也不愿意"出丑"。

对于别人的赞美无论多少都不会嫌多，对于别人的批评只要有一点儿都会想着放弃，这样的人并不少见。可是，你有没有想过，别人批评你的初衷只是为了让你得到一些中肯的意见，希望你加以改正，下次不要再犯，完全没有想过抹杀你的热情。很可能因为你这次的放弃，使得别人在你下次犯下更大的错误时也不敢再对你做出任何提醒，那时，你的损失绝对比你丢掉的面子要大得多！

在工作中出错，要立即向领导汇报自己的错误，这样也许会被领导骂个狗血淋头，但可以及时挽救错误所带来的后果，避免给企业造成更大的损失。事后可能因为这次表现使得领导对你的诚实做人加以肯定，将来对你更加器重。得到的是长远的前程，失去的只是一些面子。

人都不是完美的，没有人能做到一生不犯错误，关键自己要有足够的勇气去承认、面对自己的错误所在，这样不仅能最大程度弥补现在错误带来的不良后果，也能作为以后鞭策自己的动力，以及提醒自己不要再犯类似的错误。看似是失去，实则是得到。

171

平凡心的快乐人

【原典】

因众以宁所闻，不如众技众矣。

——《庄子·在宥》

【释义】

那些一心想出人头地的人，何尝又能够真正超出众人呢？

还在学校学习的时候，班里的同学都在互相竞争着，心里想：再多看一点书，那样我就能赶超某某同学了；再牺牲一些睡眠时间，那样我就能赶超某某同学了；再多努力一点，那样我一定是全班第一！结果让多看一点书，牺牲了睡眠时间，终日奋斗努力的同学们傻了眼，得了全班第一的是一位平淡无奇，正常作息学习的同学。工作以后，公司的同事也都在互相竞争，心里想：再努力一点，那样我就能可以加薪了；再勤奋一点，那样我就能得到领导的器重了；再拍马溜须一点，那样升职的一定是我！结果再一次让人大跌眼镜，得到升职的是一位平时处理办公室内的琐碎事情的同事，要不是这次的人事调动，估计没人会记得还有那么一位同事。

庄子认为人都想着自己能出人头地，但这个过程中必须保持着平常的心态，不可强出头，否则事情只会向相反的方向发展，偏离自己计算的结果。

　　理想是人一生中的无限动力，有了理想，人才会向着这个方向奋斗努力，可是如果太过分执着，这份理想反而成为了自己的心结，时刻背负一颗大石，生命又如何能变得精彩？把理想变成压力是一种愚蠢的行为。

　　一位国王的花园中种满了奇花异树，为此他十分自豪，同时也十分爱护这一来之不易的美景，聘请了全国最出色的园丁打理自己的花园。有一天，国王来到花园，发现花园里所有的花草树木都枯萎凋谢了，争香斗艳的景象变成了一片荒凉。国王火冒三丈，下令将园丁斩首，园丁吓得跪在地上求饶，并解释道："国王饶命啊！这些并不是小人的过错。橡树由于没有松树那么高大挺拔，因此自卑轻生死了，松树由于没有葡萄结出那么多的果实，也羡慕死了，葡萄由于没有西瓜结出那么大的果实，也嫉妒死了，西瓜由于没有向日葵开出那么美丽的花朵，于是也死了，其余的花草树木也都因为自己不如其他的植物而毫无生气，处于垂死的边缘。"

173

　　国王听了园丁的解释后，觉得有一定的道理，下令放了园丁，独自在花园中散步，回味昔日的美景。走着走着，看到脚边还有一株小草没有枯萎，小草原本在这偌大的花园中是那么的渺小，可是在这一片荒凉的花园中却是那么显眼，美丽！

　　国王问小草："小草啊！你是唯一没有在这争香斗艳花园中泄气的，面对那么多的奇花异树，你是如何做到的呢？"

　　小草回答说："国王，每当您想要一些葡萄、一棵桃

树、一株牵牛花的时候，您都会让园丁把它们种上，却忽略了它们对您的爱护是多么的渴望，于是它们都想做到最好，想得到您的注意，成为这个花园的唯一，最后都因为自己没有能做到'最好'，失望至极，放弃了一生。而我知道您只是希望能美化这个花园才让园丁把我种上，我对这个'职位'相当满足，也很满意自己的表现。"

小草的"生活"在有些人的眼中太过于平凡。有些聪明能干、抱负远大、志向崇高的人总是不满于平凡的生活，觉得自己不应该像平凡人一样，"碌碌无为""良不良莠不莠"，如果自己奋斗失败，没有取得优于常人的成绩，就会觉得生活了无生趣，产生一些消极想法，甚至可能从此一蹶不振。他们都没有明白，快乐是来自平凡的心态，做自己力所能及的事情，这样不但放松自己，也让关心自己的人心中那颗大石变轻。

一位哲学家说过：没有大烦恼与灾祸的日子，就是天大的幸福。古希腊的大哲人伊壁鸠鲁也说：幸福，就是身体的无痛苦和灵魂的无纷扰。既然幸福是那么的"轻而易举"，我们又何必将幸福赶出我们的生活呢？

想出人头地，生活有目标是一种积极的心态，是正确的，但这必须是建立在对平凡生活的肯定之上，若是对平凡生活的不满而"逼迫"自己出人头地，那便是不健康，伪积极的心态，反而会给自己带来负面影响。

从前，有一位老人在一处荒芜的大山中辛勤播种，一群正在嬉戏打闹的孩子看到他行动笨拙，手中的铲子挥下去，过了许久才能费力地再次举起。孩子问他，为什么那么老了还要辛苦自己做这些事呢？何况自己可能连发芽的那天都没有等到便一命呜呼了。

老人对孩子们说："我已经在这座山头种下了一万颗种子了，你们看，那座山头也是一样的。我想我已经没有时间看着它们发芽，成长为一棵棵高大挺拔的大树了，但是我仍然希望我能看到一座座大山上布满种子。"

175

二十年后，孩子们都已经长大成人了，再次回到这个山头。眼前的一切让他们大吃一惊，当年寸草不生的黄土地变成了茂茂密密的森林，一座座大山连起来仿佛海洋一般，一望无尽。此时他们脑海中都不约而同浮现出老人当年辛勤播种的景象。

有时我们在平凡生活的同时，也是在默默的付出，只是成果没有一下子体现出来，如果你安于现状，将来你或许会发现原来自己是多么的"不平凡"，如果你非要"出人头地"，将来你或许会开始学习"甘于"平凡。

爱因斯坦曾说："不要努力去做一个成功的人，宁可努力去做一个有价值的人。"我们播下一颗树种的时候不要妄图它能繁殖成为一片汪洋树海，只要它能长成一棵小树，成为树海中的一部分，那么我们就是做了一件非常"伟大"的事情了。

一切顺其自然

【原典】

依乎天理，批大郤，导大窾，因其固然。技经肯綮之未尝，而况大軱乎？

——《庄子·养生主》

【释义】

依照牛体自然的生理结构，劈开肌肉骨骼间大的缝隙，把刀导向那些骨节间大的空处，顺着牛体的天然结构去解剖。从不曾碰撞过经络结聚的部位和骨肉紧密连接的地方，何况那些大骨头呢！

庄子认为，其实做人做事的道理很简单，就和杀牛的道理一样。胡乱地去改变原有的一切，恐怕事情会变得更糟，倒不如顺其自然，那么一切难题反而可能会迎刃而解。

每次夏天的到来，有的人会抱怨天气太过炎热，豆大的汗滴不停地往下流，整个人浑身都不自在，老人对他们说："顺其自然，心静自然凉。"每次冬天的到来，有的人会抱怨天气太过寒冷，呼啸的风霜吹得人不停地打战，愿意整个冬天窝在暖被里度过，老人对他们说："顺其自然，温暖自在人心。"有的人常年听到批评讽刺他的声音，使得他在做任何事情之前都犹犹豫豫，一直不敢下决定，结果耽误了大事，老人对他们说："顺其自然，走自己的路，让别人说去吧。"人生的道路上，现实难免会和自己想象的存在着一些大大小小的差别，无论结果如何，老人们总会对我们说："顺其自然，对生活，对身边的人不要过于苛求，理想世界给我们带来的是欣慰，但过度沉溺于自己的'理想世界'势必会脱离现实，痛苦自己，也为难了他人。不以物喜，不以己悲，你才会活得自然！活得快乐！"老人的一席话让我们茅塞顿开，以一个过来人的身份让我们明白了随性生活才能快乐、洒脱。

某年夏天，楼华家庭院的草地枯黄了一片。

"快点撒点草籽吧，那些枯草太难看了，我想要绿草！"楼华对妈妈说。

"等天凉一点。"妈妈不慌不忙地说。

深秋时节，妈妈买了一包草籽回家，让在庭院玩耍的楼华去播种。楼华一手抓起一把，一撒，草籽随着秋风飘散。

"不好！草籽被风吹走了。"楼华喊道。

"没关系，吹走的那些，就算撒下去了也发不了芽。"妈妈不慌不忙地说。这时有几只鸟儿落在楼华家的庭院，啄食地上的草籽。

"完蛋！草籽被鸟儿给吃掉了。"楼华喊道。

"没关系，你手上还有那么多草籽呢，吃不完的。"妈妈不慌不忙地说。入夜时，天空突然下起了大雨。"哗啦哗

177

"啦"的雨声让楼华再次激动地跑去跟妈妈说："这次真的有麻烦了！那些草籽一定被雨水冲走了！"

"冲到哪儿，就会在哪儿发芽。"妈妈还是不慌不忙地说。

1个月过去以后。

原来只剩下光秃秃一片的庭院，居然长出了许多嫩绿的幼苗，一些本没有留意到的小角落，也被绿色填满。

生命中本来就有太多的东西不能强求，可能强求反而会使得我们终生得不到，并且一直被困在"得不到"这三个字之中，痛苦无比，烦恼不断。顺从于自然之后，笑容自然也会回到我们的面庞，喜悦自然也会回到我们的内心，灿烂的明天自然也会回到我们的生活。这时回头再看，那些"得不到"的，或许已经自己来到了我们身边。

178

有三只毛毛虫想前往河对岸，定居在那鸟语花香的原野。第一只毛毛虫说，我们必须找到连接两岸的桥梁，然后从桥上爬过去。第二只毛毛虫说，我们必须找一片像船一样大的叶子，从水上漂过去。第三只毛毛虫说，我们爬了那么长的路，已经累得两腿发软了，现在应该找个阴凉的地方休息两天。另外两只毛毛虫听后，异口同声地大喊："休息？我想你是没有看到对岸昆虫满天飞舞的景象吧，如果我们去晚了，那时会连一个站脚的地方都没有了！"说完，那两只毛毛虫就各自忙活起来。剩下的一只毛毛虫爬上了一棵高树，找了个阴凉的地方，呼呼大睡。

一觉醒来，那只"懒惰"的毛毛虫发现自己变成了一只美丽的蝴蝶，凭借着它那巨大而有力的翅膀舞动几下，就飞过了河。此时，原野上的花朵开得正艳。它飞在天空中向四处探望，想找到和它一同起程的两位伙伴，可是飞遍了整个原野也没有找到它们的踪影。因为它的伙伴一个被过桥的行人稍不注意就踩死了，一个被河水顺流冲到了一个陌生的地方。

这个故事并不是告诉你，好运一定会降临在"懒人"的身上，而是让你明白，有的时候并不需要太过激进，停下来，休息一下，很可能事情变得顺利起来。时时逼迫自己前进，反而会造成前不能进，后不能退的局面。

有时"懒惰"也可以让人生活得更加轻松，更加幸福。

永远保持"初心"

180

【原典】

是以十九年而刀刃若新发于硎。

——《庄子·养生主》

【释义】

如今我使用的这把刀已经有十九年了，所宰杀的牛牲上千头了，而刀刃锋利就像刚在磨刀石上磨过一样。

人在初入社会的时候都会对这个社会满怀希望，认为社会是美好的，遍地是机会，但是入世久了，遇到的挫折数不胜数，经历的风浪一波又一波，这时最初的一切开始变形了，想法不再纯真了，做事不再正直了，对人不再友好了。或许本来一个有话直说的小伙子，变成了一个拍马溜须的老手；或许本来一个善于听取他人意见的小伙子，变成了一个闭门造车的老顽固。改变了这么多，我们的内心是否还是一如当初的那般快乐呢？得到的答案是不快乐。如果不快乐，我们又何必改变呢？快乐是生活必不可缺的一部分，我们需要保持这份"盼不来"的快乐，保持这份"望不到"的初衷。

庄子认为，做人做事能永远保持自己的初衷，坚持自己最初的原则，是一件非常难得的事情。我们不能被世事与环境影响了内心，应该有自己独立的思想和观点。

很多人觉得自己不能做到这一点，这太难了，其实只要自己的内心不被外界环境的诱惑给蒙骗了，自然就不会为任何事情动摇自己最初的想法。

有一个囚犯，他的牢房只有不到3平方米大，空间非常的狭窄，住在里面很不自在。他心里面觉得委屈极了，囚犯也是人，这么小的一间牢房，根本属于一种虐待行为。他每天就这么不停地抱怨着，可是环境没有因此得到改变。

有一天，一只苍蝇飞进了这件小牢房里，在囚犯的耳边"嗡嗡"叫个不停。囚犯心想：你这该死的苍蝇，我已经够烦了，你现在还来跟我抢这本来就小得不能再小的地方是不是？我非捉住你不可！他小心翼翼地捕捉，无奈苍蝇凭借着囚犯没有的"翅膀"，一次又一次弄得他晕头转向。

181

囚犯捉了很久还是没有捉到苍蝇，气得直跺脚，可是又完全无计可施。这时他突然感叹地说："原来我的'小囚房'并不小啊！否则又怎么会连一个苍蝇都捉不到呢？让它有那么多的地方可以躲避我的捕捉。"从此以后，囚犯再也没有抱怨过他的"小囚房"了。

每个人心中有都有一间"小囚房"，"小囚房"在人的心中是没有固定大小的。"心中有事世间小，心中无事一床宽"正是这个道理。一个胸襟宽广的人，对于任何事物都觉得满足了，给他一间小小的囚房，经过内心的转换，也会变成一间百尺豪宅。相反一个人心胸狭窄，不满于现况，即使给他万亩土地，经过内心的转换，也会变成一粒沙子。

希尔娜陪伴自己的丈夫来到了远方驻守边境，居住在沙漠中的一个陆军基地里。平时丈夫站岗的时候，她便一个人留在陆军的小铁皮屋子里，沙漠的白天实在让人受不了，就连仙人掌的阴影下也有华氏125度！在这里只有墨西哥人和印第安人，他们不会说英语，所以没有任何人能和她聊天，没有任何人能听她倾诉。在这里受到的"折磨"是她从小到大都没有经历过的，于是她写了一封信给父母，信中说，她受够了，她宁愿丢下一切，只要能回到那个没有语言隔阂，没有华氏125度的家中。她的父亲在回她的信里只写了两句话："两个人从牢笼的铁窗望出去，一个看到的是泥土，一个看到的是星星。我想，你会是看到星星的那一个。"这两句话将她的从沮丧当中拉了出来，完全改变了她的生活。

希尔娜决定在沙漠中寻找"星星"。希尔娜开始与当地人交朋友，努力地学习当地语言，同时也给对英语有兴趣的当地人担当英语老师。他们将自己最喜欢的，一直不舍得卖给观光游客的纺织品和陶器送给了她，希尔娜说，这是她一生中收到最贵重的礼物。她开始对仙人掌的类别以及各种沙漠植物产生了浓厚的兴趣，她每天都会在沙漠之中寻找海螺贝壳，据说这些海螺贝壳是几万年前这片沙漠还是海洋时所留下来的唯一证据。她不再讨厌沙漠的太阳，只是她更喜爱"温柔"一些的太阳，观看日出日落成了她每天的功课。原来这片让人"浑身不自在"的沙漠也会有令人迷恋的时候。

沙漠的天气并没有为她变得舒适宜人，墨西哥人和印第

182

安人也没有突然能与她交流沟通，到底是什么会让一个恨不得未曾来过的女士变得与当地人相处其乐融融，喜欢上这片沙床的呢？是她的内心。她的内心让环境恶劣的沙漠变成了一个最具有意义的冒险乐园，她不再抱怨生活，而是沉淀在生活的乐趣之中。这时的希尔娜从牢笼的铁窗望出去，终于看到了她父亲信中所说的"星星"了。

生活当中，失败的到来就好像白天过后总会迎来黑夜，是不能避免的。"看来我还是不行，我放弃吧。"这是失败者在经历了失败之后不能够再次站起来的心态，这样的心态是错误的，只有在经历失败的时候坚信着成功会有一天到来的，那样才能从失败的阴影中走出来，继续向成功迈进。

我们不要常常去计较当前环境的好与坏，内心世界才是最重要的，只要自己坚持着最初的原则，保持着最初的理想，那么一切荣辱、是非、得失都不能左右我们的内心和行为。

183

归于平凡的高明

【原典】

每至于族，吾见其难为，怵然为戒，视为止，行为迟，动刀甚微。

——《庄子·养生主》

【释义】

每当遇上筋腱、骨节聚结交错的地方，我看到难于下刀，为此而格外谨慎不敢大意，目光专注，动作迟缓，动刀十分轻微。

庄子认为，学问到达一个境界之后，都会以最平凡、最肤浅的人作为自己的老师，凡事最终都会回到原点，归于平凡。

并不是任何事情回到原点就是没有进步，没有改变。有的时候回到原点是一种"功德圆满"的表现，我们在人海中漂泊流浪了一辈子，在老年的时候才大彻大悟，感叹人生好比绕着地球走了一个圈，又回来了。原来，终点即是起点。

　　有一个关于禅宗的故事，说一个老和尚参悟的体会：他一开始"看山是山，看水是水"，这是一点儿也体会不到山水中的哲学意味；后来就变得"看山不是山，看水不是水"了，满脑子都是象征；又过了十年，又变得"看山是山，看水是水"了。

　　老和尚参悟的体会经历了三重境界，人之一生也是如此，匆匆的人生旅途中，我们同样要经历三重境界。

　　第一个阶段是：看山是山，看水是水。初入社会的时候，心态还是天真无邪的，对于自己看到的一切会以一种童真的想法去肯定，人与事，在我们的脑海里都如同自己一样，回到了最初。相信世界的人与事物是像地球运行的轨迹一样，永远不可能偏离轨道，只要按照前人留下的规矩去做，去想，一切都会变得顺利。最终在现实里四处碰壁，遍体鳞伤之后，开始对自己的理想世界产生怀疑，向现实靠拢。

185

　　第二个阶段是：看山不是山，看水不是水。进入社会久了，不可避免会受到现实的种种利益诱惑，无论是上钩了，还是仍然在坚持着自己的原则，都会发现每一个人都戴着一副伪善的面具向你问好，每一件事后面都隐藏着太多不成文的潜规则。看到的似假幻真，甚至连自己触摸得到的也会产生怀疑，终日思索着是与非，分辨着真与假。这个阶段的人最容易迷失自己，丢失方向，有的人可能就此走向黑暗的深渊，有的人可能走出迷雾的围绕，结果在于他们是怎样分辨那些山不再是单纯意义的山，水不再是单纯意义的水。

第三个阶段是：看山是山，看水是水。到了这一阶段，可以说是"功德圆满"了，人的一辈子承受了太多的压力，经历了太多的争夺，看透了太多的人生，这些经验让自己对这个社会有了一个新的认识，知道自己追求的是什么，放弃的是什么。此时，看山还是山，看水还是水，只是那山那水，已经是另一种意境了。

平淡的生活也是人们对生活的一种追求，一个旧的结束可能就是一个新的开始，一个新的结束也很可能就是一个旧的开始。生活，轮轮回回，终究归于平淡；人生，起起伏伏，终究归于平淡。平平淡淡才是真，这是我们最渴望的生活，也是最美好的生活。